JEFFERSON MARIANO

MANUAL DE INTRODUÇÃO À ECONOMIA

Adaptado à realidade socioeconômica brasileira

ALTA BOOKS
EDITORA
Rio de Janeiro, 2017

Para Edna com amor e afeto, sempre ao meu lado em todos os momentos, e para Lígia, que faz a caminhada valer a pena.

Manual de Introdução a Economia
Copyright © 2017 da Starlin Alta Editora e Consultoria Eireli. ISBN: 978-85-508-0064-6

Impresso no Brasil — 1ª Edição, 2017 - Edição revisada conforme o Acordo Ortográfico da Língua Portuguesa de 2009.

Obra disponível para venda corporativa e/ou personalizada. Para mais informações, fale com projetos@altabooks.com.br

Produção Editorial
Editora Alta Books

Produtor Editorial
Claudia Braga
Thiê Alves

Produtor Editorial (Design)
Aurélio Corrêa

Gerência Editorial
Anderson Vieira

Supervisão de Qualidade Editorial
Sergio de Souza

Assistente Editorial
Illysabelle Trajano

Marketing Editorial
Silas Amaro
marketing@altabooks.com.br

Gerência de Captação e Contratação de Obras
autoria@altabooks.com.br

Vendas Atacado e Varejo
Daniele Fonseca
Viviane Paiva
comercial@altabooks.com.br

Ouvidoria
ouvidoria@altabooks.com.br

Equipe Editorial Bianca Teodoro, Christian Danniel, Juliana de Oliveira, Renan Castro

Revisão Gramatical
Equipe Alta Books

Layout e Diagramação
Joyce Matos

Capa
Aurélio Corrêa

Dados Internacionais de Catalogação na Publicação (CIP)
Vagner Rodolfo CRB-8/9410

M333m Mariano, Jefferson

Manual de introdução à economia / Jefferson Mariano. – Rio de Janeiro : Alta Books, 2016.
160 p. ; 17cm x 24cm.

Inclui índice, bibliografia e anexo.
ISBN: 978-85-508-0064-6

1. Economia. I. Título.

CDD 330
CDU 33

ALTA BOOKS
EDITORA

Rua Viúva Cláudio, 291 — Bairro Industrial do Jacaré
CEP: 20970-031 — Rio de Janeiro - RJ
Tels.: (21) 3278-8069 / 3278-8419
www.altabooks.com.br — altabooks@altabooks.com.br
www.facebook.com/altabooks

Prefácio

A primeira edição do Manual de Introdução à Economia veio a público no ano de 2002. Posteriormente ocorreram mais duas edições em 2005 e 2006.

Ao longo do período em questão não foram realizadas alterações substantivas no texto, apenas pequenas correções e atualizações de dados, bem como a incorporação de fontes de informações mais recentes.

A obra foi lançada, inicialmente, com o objetivo de alcançar o público pouco familiarizado com os termos e conceitos presentes nos debates que envolvem as relações com o mercado e a política econômica. No entanto, ao longo dos anos o livro foi incorporado ao plano de ensino de diversos cursos de nível superior do Brasil, especialmente na grande área de ciências sociais aplicadas e de tecnologia.

Desde o lançamento da primeira edição, grandes mudanças ocorreram na sociedade brasileira e novas questões emergiram no debate de economia e política, em nível global.

A quarta edição, profundamente revista, pretende continuar atendendo a demanda existente entre os alunos nos cursos de nível superior por um texto que, utilizando uma linguagem simples, possa auxiliá-los no entendimento das principais questões e temas abordados na análise econômica. Foram incorporadas ainda as últimas atualizações do Sistema de Contas Nacionais, realizado pelo Instituto Brasileiro de Geografia e Estatística (IBGE). Trata-se do sistema que disponibiliza as informações relativas ao Produto Interno Bruto do País. Em relação ao mercado de trabalho, o texto incorpora as novas terminologias e conceitos recomendados pela Organização Internacional do Trabalho (OIT).

Por fim, o livro procura resgatar a ideia inicial de tornar agradável a compreensão dos temas abordados na análise econômica ao público que tem curiosidade, mas está pouco familiarizado com o debate. Desse modo, não se restringe apenas aos estudantes de ensino superior.

Sobre o Autor

O autor é doutor em desenvolvimento econômico pela Universidade Estadual de Campinas (Unicamp); Mestre em economia política pela PUC/SP e bacharel em sociologia e ciência política pela Fundação Escola de Sociologia e Política de São Paulo (Fesp). Foi coordenador de curso de graduação em ciências econômicas e atualmente leciona a disciplina Realidade Socioeconômica e Política Brasileira na Faculdade Cásper Líbero. É analista socioeconômico do Instituto Brasileiro de Geografia e Estatística (IBGE). Tem outros livros publicados, além de diversos artigos em importantes periódicos e revistas científicas.

Sumário

Introdução

Este livro tem como objetivo apresentar os principais conceitos e temas discutidos na economia. Pretende alcançar os estudantes de ciências humanas e ciências sociais aplicadas, além do público que tem interesse em iniciar o contato com o tema.

Apesar do caráter introdutório, os conceitos são apresentados tendo como referência a dinâmica da sociedade brasileira. Ou seja, conceitos como inflação, moeda e câmbio não são tratados de modo abstrato, mas a partir de exemplos observados na economia do país.

Os capítulos iniciais tratam dos temas relacionados à microeconomia e os capítulos finais abordam as questões relativas à macroeconomia. Nos temas Contas Nacionais e Mercado de trabalho, foram incorporadas as mais recentes atualizações realizadas pelo IBGE. E no caso específico do tema mercado de trabalho, há uma atualização dos conceitos e classificações que ao longo dos próximos anos devem estar presentes nos livros de economia brasileira.

O livro é resultado da síntese da experiência acumulada pelo autor em sala de aula ao longo dos últimos anos e da atuação nas diversas pesquisas socioeconômicas. Espero que o trabalho possa contribuir para a formação daqueles que estão iniciando a trajetória rumo ao entendimento da ciência econômica e da realidade socioeconômica do país.

CAPÍTULO I

Definição: O que se estuda na disciplina

Assuntos e temas que envolvam questões relativas à economia estão sempre presentes nos debates que ocorrem na sociedade. Isso faz com que todos tenham uma ideia básica acerca do que essa área de conhecimento trata.

Se fosse realizada uma pesquisa pedindo ao grande público para definir o que é economia ou então quais os temas abordados nessa área de conhecimento, muitas pessoas destacariam temas com os quais estão mais familiarizados:

- Inflação;
- Taxa de juros;
- Dívida do governo;
- Despesa das famílias;
- Poupança;
- Emprego.

De fato, não haveria equívocos em tais respostas. Todas apresentam temas ou questões que dizem respeito à disciplina. No entanto, a economia é definida como uma ciência que estuda o modo como os indivíduos se relacionam no mundo da produção. Estabelecendo como a sociedade realiza escolhas relacionadas ao consumo, produção e distribuição dos bens e serviços produzidos. A economia também é definida por alguns autores como a ciência que estuda os recursos escassos frente às necessidades ilimitadas.

Outra polêmica em torno dessa área de conhecimento diz respeito ao uso da matemática e de informações quantitativas. Esse fato faz com que, de modo geral, se tenha a percepção de que a disciplina integra uma área de conhecimento das ciências exatas. Apesar de utilizar como ferramenta informações quantitativas deve-se destacar que a economia é uma ciência social, pois as decisões que ocorrem nesse âmbito dizem respeito a escolhas realizadas pela sociedade.

Para efeito didático, há uma divisão do estudo dessa disciplina em dois grandes grupos:

- **Microeconomia** - Na microeconomia são estudadas questões que dizem respeito ao comportamento e decisões dos consumidores e das empresas. Por exemplo, quais produtos são adquiridos pela internet ou o aumento da tributação sobre o cigarro pode reduzir o consumo? Ou seja, questões como comportamento dos custos, lucros e a busca da eficiência produtiva.
- **Macroeconomia** - Na macroeconomia são estudados temas agregados como comportamento geral da economia: produção nacional; inflação; nível de impostos; renda nacional; nível geral de emprego. Sendo determinante em sua análise a presença do governo.

Uma dúvida recorrente: por que a inflação é um tema de macroeconomia se ela mede a evolução dos preços que impactam a vida das famílias?

Nesse caso, deve-se destacar que o nível de preços não corresponde apenas ao consumo de uma pessoa ou família. Como será demonstrado em capítulo específico, a inflação mede o comportamento de todos os preços praticados na economia. Desse modo, trata-se de uma média do impacto da evolução dos preços para toda a sociedade.

Os recursos escassos

Uma vez que existe na economia a preocupação em torno da administração da produção e do consumo, a possibilidade de escassez de recursos torna-se uma preocupação central. Na verdade, é a existência desse fenômeno que em certa medida leva a necessidade do estudo da economia.

Ocorre que a quase totalidade de bens e serviços necessários à sobrevivência das pessoas não está disponível na natureza. Assim, é necessária a produção desses bens, que são escassos e dependem dos recursos disponíveis na sociedade.

Novamente a decisão em torno do que deve ser produzido se dá em função dos itens que a sociedade considera como necessários. Nessa medida, a escassez vai depender da hierarquia estabelecida em torno do que deve ser produzido e consumido.

A escassez ocorre em todas as sociedades, pois os bens e serviços elaborados para o mercado não atendem todos os indivíduos. Os hábitos de consumos das pessoas também passam por alterações ao longo do tempo.

Desse modo, ao longo do desenvolvimento das nações são estabelecidas na sociedade novas necessidades. Produtos *in natura* dão lugar a itens industrializados, o consumo fora do domicílio passa a substituir aquele realizado nos domicílios e, recentemente, se observa a explosão no consumo de itens relacionados à tecnologia da informação. As indústrias passam a buscar aperfeiçoar os produtos, com processos constantes de inovação, em razão da elevada competitividade desses novos mercados.

No caso do Brasil, é curioso observar o comportamento do consumo de itens relacionados aos setores de telefonia e informática. No final da década de 1990, era reduzida a presença de computadores nos domicílios e o uso de telefonia móvel.

Atualmente, a cobertura de telefonia atinge praticamente a totalidade do território nacional. Os dados disponibilizados no Gráfico 1 mostram a evolução da presença desses bens e serviços nos lares brasileiros. Em 2003 apenas 11% possuíam computadores com acesso à internet. No ano de 2014 esse indicador chegou a 42,6%.

A partir da expansão desses mercados uma gama enorme de bens atrelados a esses serviços passou a ser oferecida na economia. Desse modo, é possível perceber que com o avanço tecnológico das sociedades surgem necessidades de bens e serviços até então inexistentes. Praticamente todo dia surge um novo serviço atrelado ao uso de internet ou telefone celular. O crescimento do poder aquisitivo da população também contribui para que ocorra mudança no perfil das necessidades e alterações no padrão de consumo.

Gráfico 1

Evolução da posse de bens nos domicílios – Brasil

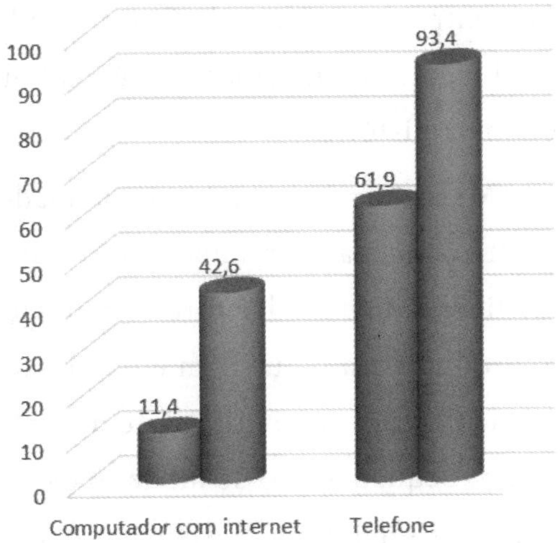

IBGE: Pesquisa Nacional por Amostra de Domicílios.

A organização da economia e os sistemas econômicos

A economia é definida como a ciência que tem por preocupação administrar os recursos escassos frente às necessidades ilimitadas. Desse modo, seria objeto da economia:

- A busca na eficiência da produção de bens econômicos capazes de satisfazer as necessidades humanas;
- Propiciar a garantia do bem-estar social geral e,
- Estabelecer condições para o desenvolvimento das nações.

Dessa maneira, é objeto da economia a análise de processos de produção, distribuição e consumo de bens econômicos na sociedade.

- **Economia planificada:** Nessa modalidade o alcance do Estado se dá em todos os setores da sociedade. As decisões relativas à produção são tomadas pelo Estado ou partido político detentor do poder. Trata-se do modelo vigente nos países do leste europeu entre o pós Segunda Guerra e o final da década de 1980. Com o colapso da União Soviética houve o declínio dessa experiência histórica.

- **Economia de Mercado:** Essa seria a modalidade diametralmente oposta a economia planificada. Os indivíduos teriam plena liberdade para decidirem em relação a atividade econômica. Produziriam o que bem entendessem, na quantidade que desejassem e utilizando as tecnologias que achassem mais adequadas. Nesse modelo, os bens e serviços seriam produzidos segundo a oferta e a procura. Na medida em que mais pessoas desejassem consumir um determinado produto, novos fabricantes entrariam nesse mercado para suprir essa nova procura. Havendo redução, alguns produtores sairiam desse setor e passariam a fabricar outros bens no qual a procura fosse mais elevada.
Na verdade, trata-se de um modelo teórico no qual não há interferência do Estado na economia.

- **Economia Mista:** Nessa situação as decisões relativas à inserção no mercado é tomada pelas pessoas. Porém, existe um relativo grau de interferência do Estado nessas decisões. Quando atividades econômicas deixam de ser lucrativas para empresas, mas são essenciais para a sociedade, o Estado pode interferir, por exemplo, por meio de redução de impostos e outros incentivos. Desse modo, muitas empresas podem retomar a atividade. Por outro lado, algumas atividades que não sejam essenciais para a sociedade podem ser sobretaxadas (produção de cigarros e bebidas).

CAPÍTULO 2

Breve história do pensamento econômico

O Mercantilismo

O mercantilismo representou o primeiro conjunto de ideias com intuito de explicar o funcionamento do comércio entre os países, no contexto de consolidação e fortalecimento dos Estados absolutistas. Apesar da maioria dos estudiosos não caracterizar esse movimento como uma escola de pensamento econômico, surgiram ao longo da história alguns trabalhos defendendo essas teorias.

Autores como Jean-Baptiste Colbert, na França, e Thomas Mun, na Grã-Bretanha, trataram de desenvolver esse conjunto de ideias, no entanto, ainda não denominado como "teoria mercantilista". Em sua essência, os mercantilistas identificavam que os Estados monárquicos deveriam se fortalecer e que o tamanho do exército próprio seria um fator importante para consolidar a posição desses países.

O quadro histórico no qual se desenvolvem as ideias mercantilistas é justamente o momento de decadência do modo de produção feudal e o processo de consolidação dos Estados Nacionais. Esse período é marcado também por conflitos e por intensificação do comércio entre as nações.

A queda de Constantinopla fez com que os Europeus buscassem alternativas ao comércio com o oriente e paralelamente, ocorre o processo do crescimento das grandes navegações. Países como Portugal, Espanha e Países Baixos iniciam esse processo em busca de alternativas a esse bloqueio e também em busca de novos locais de riqueza.

Uma vez que o processo produtivo era praticamente dependente de atividades de artesanato e manufatura simples, o crescimento dessa sociedade ocorreu basicamente em decorrência dos saques e do comércio.

Assim, o exército numeroso era condição necessária para que esses países tivessem condições de se aventurar em buscas de novas riquezas e a tomada de outras localidades. O acúmulo de riqueza seria de fundamental importância para que esses países tivessem condições de adquirir os produtos necessários para consumo, principalmente das classes dominantes.

O acúmulo de metais era fundamental para o fortalecimento e consolidação dos Estados nacionais. Devido a necessidade de se acumular divisas metálicas, o mercantilismo entendia que seria fundamental aos países buscarem o aumento constante das exportações. E, além disso, implemetarem restrições das importações, com objetivo de obterem sucessivos superávits na balança de comércio. Justificavam, desse modo, a necessidade de medidas de natureza protecionista para conter as importações.

Segundo o mercantilismo o Estado deveria:

- Possuir um numeroso exército (crescimento populacional);
- Intensificar as atividades de comércio;
- Acumular divisas (metais preciosos), ou seja, o metalismo;
- Buscar a defesa dos interesses internos;
- Maior participação no comércio internacional, com aumento das exportações;
- Enfatizar as atividades de comércio e manufatura.

Importante destacar que o crescimento da ênfase no comércio, com as pressões para a redução de taxas alfandegárias entre as localidades, correspondeu ao início da ascensão da burguesia comercial contra a nobreza, fato que completará, como desdobramento, a passagem do modo de produção feudal para o modo de produção capitalista.

Fisiocracia

Os fisiocratas surgiram na França, no século XVIII, combatendo as ideias mercantilistas e formulando pela primeira vez, de maneira sistemática, uma teoria do liberalismo econômico.

Esse grupo transferiu o centro de análise econômica do comércio para a produção, criando a noção de produto líquido. De acordo com suas premissas somente a terra seria capaz de produzir novo valor. As demais atividades como indústria e comércio, apesar de necessárias, apenas transformam os produtos da terra. A partir da análise das três classes: os produtores (agricultores), os proprietários de terras (nobreza e clero) e as classes estéreis (os demais membros da sociedade), procuraram sistematizar a circulação da renda na sociedade.

De acordo com esses economistas, o sistema de circulação era natural e imutável, de modo que, qualquer interferência do Estado seria condenável, a não ser para garantir a manutenção desta ordem. Defendiam a mais ampla liberdade econômica (condenando as barreiras feudais e o intervencionismo mercantilista, e lançaram a máxima do liberalismo - *laissez faire*).

Defenderam a supressão de todas as taxas, com a substituição de um imposto único que incidiria sobre a propriedade, já que essa seria a única fonte de riqueza. Os proprietários apenas se apropriariam da renda da terra sem contribuir para o aumento do produto líquido, enquanto os agricultores e comerciantes não deveriam pagar impostos, de modo a facilitar a circulação da renda. O principal teórico dessa corrente de pensamento foi o francês *François Quesnay*.

Escola Clássica

Com os trabalhos de Adam Smith o estudo da econômica adquire o status científico. Em seu livro *A Origem da Riqueza das Nações*, de 1776, há o estabelecimento de um conjunto de contribuições que permanecem relevantes no interior do debate econômico. Sua preocupação era demonstrar a ruptura que ocorria entre os países que se mantinham presos aos resquícios feudais e que ainda eram poderosos no comércio internacional (Portugal, Espanha e Países Baixos) e aqueles (Inglaterra) que rumavam para a constituição de uma estrutura capitalista. Desse modo, seu trabalho apresenta-se, entre outros aspectos, como uma forte crítica ao mercantilismo que identifica, que , a partir de então, a impossibilidade de localizar no comércio a fonte principal da riqueza das nações.

Observando o que estava ocorrendo na Inglaterra, ou seja, a passagem das atividades artesanais para a manufatura, destacamos a produção como fator chave para explicar a origem da riqueza das nações. Assim, os países deveriam intensificar processos produtivos que possibilitassem o aumento da produção, visto que o fundamento da riqueza das nações seria a capacidade de elaborar a produção. O desdobramento desse processo seria o progresso econômico apresentando como pilares a divisão do trabalho e a concorrência entre as empresas. Para intensificar esse aumento da produção seria necessário o abandono da produção baseada no artesanato e o constante processo de divisão do trabalho.

O argumento era que se não ocorressem interferências externas à atividade econômica, o mercado funcionaria como se existisse uma mão invisível capaz de alocar os recursos sempre do modo mais eficiente promovendo um desenvolvimento econômico.

Em relação ao comércio internacional, é desenvolvida a chamada teoria das vantagens absolutas. Destacamos, de acordo com essa teoria, que uma das condições necessárias para a ocorrência de comércio entre duas nações seria a existência de algum produto para o qual ocorresse uma vantagem absoluta na produção. Isto é, essa nação deveria, necessariamente, ter condições de produção mais favoráveis do que o país para o qual pretenda exportar. Como consideramos que o valor das mercadorias era determinado pelo tempo de trabalho necessário para produzi-las, podemos afirmar que o determinante era o custo da mercadoria em termos de mão de obra.

Dessa forma seria necessário comparar o custo do trabalho entre as duas nações de tal modo que só seria possível o comércio se ocorresse diferenças significativas de custos de produção.

Em resumo, dois aspectos importantes destacam a contribuição de Smith e influenciam toda tradição econômica até os dias atuais. O primeiro é a ideia da divisão do trabalho, que foi aprofundada pelos principais teóricos da administração científica e utilizada largamente ao longo da gênese e desenvolvimento da indústria. O segundo, e talvez o mais forte conceito desenvolvido por Smith e que até hoje influencia uma gama extensa de economistas, é o princípio da "mão invisível".

Como destacado anteriormente, na economia de mercado, se os agentes econômicos forem livres, a mão invisível opera no sentido de maximizar os seus ganhos, alocando os recursos produtivos disponíveis na economia de modo mais eficiente possível. Essa é a ideia que a maior parte das pessoas possui como senso comum acerca do modo como funciona o mercado. Um produtor coloca a mercadoria em circulação e seu preço será determinado pela lei da oferta e procura. Se o preço estiver muito elevado os consumidores deixam de comprar, restando ao produtor reduzir os preços ou abandonar a produção dessa mercadoria e buscar a produção de outra que haja demanda.

Para que ocorra o funcionamento do mercado, não devem ocorrer interferências no mercado. Os agentes econômicos devem ter a liberdade de alocar os recursos da maneira mais eficiente possível. No entanto, diferente do que se verifica em alguns trabalhos, Adam Smith sempre destacou que o Estado quando interfere na ordem econômica, o faz em benefício da classe que detém o poder econômico. Nesse sentido, adverte em seu livro que é necessário muito cuidado com a capacidade da burguesia em influenciar as ações do Estado em seu proveito.

É importante enfatizar que, apesar dessa advertência, Smith não vislumbra possibilidades de conflitos de classe na economia, pois o progresso e desenvolvimento da economia promovem o crescimento de todas as classes.

Assim, o crescente processo de divisão do trabalho leva ao desenvolvimento econômico, e cada fator de produção na economia, Terra, Capital e Trabalho, recebem a sua devida contribuição, respectivamente Renda, Lucro e Salário.

David Ricardo, outro autor importante da escola clássica, posteriormente afirma que o valor da mercadoria será dado pela quantidade de trabalho empregada para produzi-la. Indicando, desse modo, que existe uma contradição entre o valor de troca e o preço das mercadorias. Para a escola clássica a divisão do produto da economia seria: salários (trabalho), lucro (capital) e renda (terra).

Outra formulação importante dessa escola é a teoria de Ricardo sobre a renda da terra, desenvolvida em sua principal obra — *Princípios de Economia Política e Tributação*, de 1817. Segundo essa teoria, os proprietários das terras mais férteis apropriavam-se de uma renda adicional (diferencial). A manutenção das leis da terra (proibição da importação de cereais por parte da Inglaterra) estava provocando um aumento nos custos de produção de alimentos, de tal modo que causava uma elevação da renda dos proprietários de terra e paralelamente promovendo a queda das taxas de lucro na economia. No tocante ao comércio internacional, a necessidade da especialização das nações.

Desenvolve-se então a chamada Teoria das Vantagens Comparativas, segundo a qual cada nação deveria se especializar na produção daqueles itens para o qual possuíssem maiores vantagens comparativas. Com o desenvolvimento dessa teoria, Ricardo advogava pela supressão da lei que impedia a importação de cereais pela Inglaterra. É importante destacar a diferença existente com relação a teoria das vantagens absolutas de Smith.

Para Ricardo não basta que a nação tenha vantagem absoluta com relação a produção quando comparada com a nação vizinha. Seria necessário que, internamente, fosse verificado, quando comparado dois setores de atividade econômica, em qual deles ocorre a menor mobilização de mão de obra (custo) no processo produtivo. Assim, Ricardo usa como exemplo as trocas que ocorrem entre Portugal e Inglaterra, de vinho e tecidos, para explicar que não seria vantajoso para a Inglaterra produzir vinho, mas importar de Portugal e, em contrapartida, exportar tecidos para Portugal os beneficiaria.

Mesmo que o vinho produzido na Inglaterra fosse mais barato que o vinho português, o fato de possuir uma vantagem comparativa na produção de tecidos faz com que seja mais interessante mobilizar toda sua mão de obra na produção de tecidos e simplesmente importar toda a quantidade de vinho de que necessitasse.

Por fim, cabe ressaltar que David Ricardo, no desenvolvimento da Teoria das Vantagens Comparativas, apresenta como desdobramento a justificativa para que os países em desenvolvimento se especializassem em produtos primários (para os quais eram mais produtivos), enquanto que a Inglaterra continuaria com a produção de máquinas e equipamentos, mantendo seu papel de grande potência capitalista da época.

Escola Marxista

Escola baseada nos estudos de Karl Marx e Friedrich Engels, cujo principal trabalho é *O Capital*. Esses teóricos apontavam que o desenvolvimento econômico apresentava como tendência a acumulação de capital e, como consequência, a redução nas condições de existência dos trabalhadores. Inclusive, esse crescente aumento da miséria seria uma das causas do esgotamento do capitalismo. A necessidade crescente de desenvolvimento tecnológico e a substituição do trabalho vivo pelo trabalho morto, ou seja, as máquinas substituiriam os trabalhadores na produção de mercadorias, seria um dos motivos para as crises crescentes no capitalismo, segundo Marx . Outros autores marxistas como *Leon Trotski* e Rosa Luxemburgo apontaram a tendência imperialista do capitalismo, fruto do esgotamento dos mercados.

Marx também criticou os economistas clássicos em função do método de análise. Afirmava que os clássicos construíam seus argumentos em casos hipotéticos, dissociados da realidade, essas construções abstratas não consideravam o significado da dinâmica interna do processo histórico.

Importante!

Materialismo Histórico: Método analítico utilizado por Marx, segundo qual a explicação da história se dá através da forma como os homens produzem e se relacionam com a natureza. Segundo essa tese, a cada momento histórico os homens produzem de modo específico e o modo como estão organizados na produção explicará o funcionamento das demais instituições na sociedade.

No desenvolvimento de seus estudos sobre o capitalismo, Karl Marx realiza, no tocante ao método, uma forte crítica à escola clássica e, em específico, ao trabalho de Adam Smith, pois, segundo ele, ao analisar o desenvolvimento de uma sociedade seria necessário perceber o modo como os homens se relacionam no processo de trabalho. Desse modo, afirma que os exemplos utilizados por Smith não podem ser localizados na história. Sendo assim, afirma que para analisar a sociedade seria necessário falar da condição real de existência das pessoas e do modo como é realizada a produção.

Nesse sentido, procura demonstrar que ao longo da história os interesses da classe que detém os meios de produção sempre acabam prevalecendo.

Assim, para Marx é possível analisar o desenvolvimento das sociedades por meio da transição dos chamados modos de produção. Por exemplo, a transição do modo de produção feudal para o modo de produção capitalista ocorre a partir do momento em que se estabelece um conflito entre a classe que detém o poder, "a nobreza", e a nova classe que se desenvolve e passa a deter o poder econômico, "a burguesia". No capitalismo se estabelecem os interesses da burguesia e o novo conflito que se instaura será entre a burguesia e o proletariado. Somente ocorrerá a superação do capitalismo quando os proletários conseguirem vencer esse conflito.

Marx inicia a análise do modo de produção capitalista a partir do conceito de mercadoria. Desse modo, afirma que o capitalismo se consolida a partir do momento em que ocorre a generalização da forma mercadoria. Nesse capítulo do Capital, Marx diferencia o que chama de valor de uso e valor troca.

O valor de troca das mercadorias se estabelecerá a partir do tempo de trabalho socialmente gasto na sua produção. Da análise da mercadoria, há um desdobramento necessário para a explicação do modo como ocorre a exploração dos trabalhadores a partir do conceito de *mais-valia*.

Em sua análise, a força de trabalho também é uma mercadoria que tem seu valor medido pelo tempo de trabalho necessário para sua reprodução. Porém ao explicar o conceito de mais-valia demonstra que do total de horas trabalhadas uma parcela muito pequena do valor criado remunera a força de trabalho.

Por exemplo, o operário trabalha 18 horas, no entanto uma parcela muito pequena dessas horas é necessária para produzir o valor correspondente a sua remuneração, a parcela maior resulta de uma riqueza gerada e não paga ao trabalhador. Assim o indivíduo trabalharia 18 horas, no entanto, seria necessário o valor de 5 horas para a manutenção de sua sobrevivência. Ele recebe o valor dessas cinco horas e o restante seria o excedente não pago ou mais-valia.

Devido ao caráter crítico de sua teoria a respeito do futuro do capitalismo, levou muito tempo para que o trabalho de Marx fosse aceito no meio acadêmico. Na verdade, até início do século XX, ciência econômica era entendida no meio acadêmico como sinônimo de econômica neoclássica.

A produção de Marx foi muito extensa, inclusive devido a sua atividade política de militante e jornalista, e é muito difícil realizar uma separação entre o sociólogo, o historiador e o economista. No âmbito da economia, o Capital se insere nas grandes obras científicas dessa área de conhecimento.

Escola Neoclássica

A contribuição de Adam Smith para o desenvolvimento da ciência econômica foi de tal ordem que permitiu a gênese de duas correntes distintas. A marxista, que foi analisada em tópico anterior e a escola neoclássica.

A economia neoclássica pode ser entendida como uma síntese de um conjunto de ideias que surgem ao longo do século XVIII e XIX, e que foi desdobramento da escola clássica.

Os autores importantes dessa corrente teórica foram *Leon Walras, Knut Wiksel e Alfred Marshal*. Dentre eles, Marshall tem o mérito de apresentar uma síntese do pensamento corrente ao longo desse período.

Esses teóricos, que acreditavam na eficiência da mão invisível, tinham a preocupação de construir um arcabouço teórico no sentido de tornar aplicável à economia das empresas os princípios desenvolvidos pela escola clássica.

Desse modo, surgem contribuições como a análise dos mercados a partir de funções matemáticas. *Marshall* define as funções oferta e demanda. De acordo com a Lei da Oferta, sempre que ocorrer aumento nos preços tende a ocorrer um aumento da quantidade ofertada, e no caso da Lei da Demanda, aumentos nos preços levam a redução da quantidade demandada. Para que tal lei tenha validade, *Marshall* enfatiza a necessidade do estabelecimento da cláusula *Ceteris Paribus*. Essa condição estabelece a necessidade de se congelar o comportamento das demais variáveis.

A partir dessas considerações, *Marshall* demonstrará o modo como ocorrem as situações de equilíbrio na economia. Importante destacar que ao passo que Marshall desenvolve o equilíbrio parcial de mercado, *Walras*, por meio de um sofisticado esquema de equações matemáticas, procura demonstrar a situação de equilíbrio geral na economia.

Um ponto central de ruptura da economia neoclássica com relação à escola clássica diz respeito a Teoria do Valor.

Para os neoclássicos, o valor das mercadorias não se estabelece em decorrência da quantidade de trabalho. Para essa escola, a ciência econômica se define pela administração dos recursos escassos. Desse modo, o valor das mercadorias é determinado pela escassez e, paralelamente, em função da necessidade. Assim é o mercado que vai definir o valor das mercadorias. Se a mercadoria for extremamente necessária terá preços elevados, no entanto, esse movimento fará com que mais produtores ingressem nesse mercado, de modo a comprimir os preços. Se ocorrer uma queda abrupta nos preços, alguns produtores sairão desse mercado, estabelecendo uma situação de equilíbrio.

É importante destacar que para que essas condições se estabeleçam, é necessário que a economia opere em regime de concorrência perfeita, cujas premissas serão enfatizadas no tópico sobre estruturas de mercado.

Outra contribuição importante da escola neoclássica, presente no trabalho de *Marshall*, diz respeito a Teoria da Firma.

Nesse trabalho ele demonstra o comportamento da produção e a ideia de *produto marginal*. O objetivo é demonstrar que na produção o aumento de cada unidade do recurso produtivo variável leva ao aumento da produção e que existe um limite para esse processo. Inicialmente, para cada aumento no número de trabalhadores no processo produtivo tende a ocorrer um aumento da produção. No entanto, na medida em que vai aumentando o número de trabalhadores, existe um limite para esse crescimento. A partir de um determinado ponto, a contribuição marginal desse último trabalhador que entra no processo produtivo vai caindo. Nesse momento começa a prevalecer a chamada Lei dos Rendimentos Decrescentes. Ou seja, a contribuição do último trabalhador passa a ser negativa.

A escola neoclássica tem uma visão otimista com relação ao desenvolvimento de inovações tecnológicas no capitalismo. Para esses teóricos, as inovações contribuem para crescimento da economia e da qualificação do trabalhador.

Escola Keynesiana

O principal trabalho de *John Maynard Keynes,* intitulado Teoria Geral do Emprego do Juro e da Moeda, refuta algumas teses da escola clássica e dos neoclássicos, especialmente a ideia de que o pleno emprego é uma situação pouco comum na economia, desse modo podem ocorrer crises de demanda. Além disso, *Keynes* também irá afirmar que o equilíbrio na economia pode ocorrer abaixo do nível de pleno emprego.

Keynes afirmava que o nível de emprego em uma economia depende da demanda efetiva, ou seja, da proporção da renda que é gasta em consumo e investimento. Assim o desemprego seria causado por uma demanda insuficiente de bens e serviços, e só poderia ser resolvido com investimentos.

A economia pode ficar em uma situação de desemprego elevado, e para que esse quadro fosse revertido o governo deveria atuar em políticas anticíclicas, principalmente regulando a taxa de juros, de modo que fiquem em um patamar inferior à expectativa de lucros. Também poderia incrementar o consumo com a ampliação dos gastos públicos e expansão dos investimentos, por meio de empréstimos públicos capazes de absorver os recursos ociosos.

A crise de 1929 demonstrou que as teorias neoclássicas eram insuficientes para explicar o funcionamento das economias capitalistas.

A partir desse período, presencia-se a forte participação dos Estados em políticas com intuito de reverter essa crise econômica. Tanto os Estados Unidos como os países europeus recorreram aos gastos públicos para a tentativa de promover a retomada da economia.

O período que correspondeu a último década do século XIX e primeira do século XX representou a hegemonia da Escola Neoclássica. E, de fato a economia parecia funcionar de acordo com o estabelecido pelos manuais de economia política.

No entanto, a crise de 1929 veio colocar em xeque essas premissas. A crise provocou uma redução brutal no valor da produção mundial. Nos EUA famílias que outrora eram prósperas passavam por dificuldades terríveis. Na Alemanha, França e na maioria dos países europeus o nível de desemprego alcançou níveis assustadores.

Diante de tal sorte de acontecimentos, a economia neoclássica não conseguia apresentar respostas. Alguns teóricos ainda argumentavam que a crise tinha como origem o excesso de regulamentação. Os agentes econômicos não estavam livres para maximizar seus ganhos. Na verdade, a crise seria apenas uma situação passageira. Se o mercado não sofresse intervenções, em longo prazo, a economia voltaria a operar em situação de equilíbrio.

Em sua análise, *Keynes* apontava que as situações de equilíbrio ocorrem em situações muito especiais. A regra, no capitalismo, é sempre uma situação de variações cíclicas de emprego. Em sua explicação do funcionamento do capitalismo, *Keynes* descreve o chamado fluxo circular da renda. Nesse fluxo, destaca a existência de famílias e empresas. Não existindo vazamentos, ou seja, imaginando uma situação de uma economia fechada, as empresas contratam as famílias e as remuneram com salários. Em contrapartida, as famílias compram produtos das empresas que auferem lucros. Desse modo, os gastos das famílias representam os lucros das empresas. Assim, para que a economia fique em equilíbrio é necessário que toda renda auferida pelas famílias seja gasta no consumo.

No entanto, em algumas situações esse fenômeno não ocorre. Parcelas dos recursos das famílias podem ser poupadas. Na medida em que a renda das famílias cresce, uma parcela da renda deixa de ser gasta. Quanto maior a faixa de renda, menor o percentual gasto no consumo. Esses recursos são direcionados para poupança. É a partir desse processo que se insere no circuito o papel do sistema financeiro.

Esses recursos poupados pelas famílias são disponibilizados de tal modo que as empresas captam e devolvem ao circuito através dos investimentos. Desse modo, deve ocorrer uma situação de igualdade entre a poupança e investimento. Isso ocorre quando não há nenhum problema com relação a alocação de recursos, e a economia encontra-se em situação de equilíbrio.

No entanto, na maioria das vezes não ocorre essa igualdade. Segundo *Keynes*, quando uma parcela dessa poupança não se traduz em investimentos, tende a ocorrer, no momento seguinte, uma redução no nível de ocupação dos recursos disponíveis. Dessa maneira, quando uma empresa isolada percebe uma queda no nível de atividade, automaticamente reduz o nível de produção. Se todas as empresas tiverem esse tipo de reação, o nível de atividade econômica cai ainda mais.

Outro ponto de ruptura de *Keynes* com relação à escola clássica diz respeito ao papel do Estado na economia. Acreditamos que, em situações como a descrita acima, de desaceleração do ritmo de atividade, é necessário que ocorra a intervenção do Estado para a retomada do nível de investimento.

Assim, ao realizar os investimentos em um cenário de crise, o Estado acaba sinalizando uma perspectiva de confiança para o conjunto da sociedade. Porém, mais do que os aspectos de natureza psicológica, a retomada de investimentos por parte do governo cria um novo fluxo de rendimentos nas mãos dos trabalhadores envolvidos nessas atividades, permitindo que a economia retome o nível de atividade.

Do pós-guerra até o início da década de 1970, designado pelo historiador *Eric Hobsbawn* como os "anos dourados" ou a época de ouro do capitalismo, praticamente todos os países do ocidente adotaram as políticas econômicas *Keynesianas*.

CAPÍTULO 3

Introdução à Microeconomia

A Demanda

A preocupação da microeconomia é analisar o comportamento da economia a partir da ótica dos agentes econômicos isolados, tendo como objeto de estudo:

- O comportamento do consumidor, de modo a verificar o que faz o cliente aumentar ou reduzir o consumo;
- Estratégias e formas de atuação das empresas de modo a maximizarem o seu lucro, aumentarem o número de clientes e a satisfação dos consumidores, garantindo a manutenção ou aumento de sua fatia no mercado; e
- O comportamento do mercado, ou seja, fatores que levam ao aumento ou redução na procura por determinados tipos de mercadorias, assim como as condições que propiciam o estabelecimento dos preços.

Na análise microeconômica é comum iniciar o estudo a partir da consideração de um mercado em regime de concorrência perfeita.

Assim, a demanda ou procura por um determinado bem ou serviço será conceituada como a quantidade que um indivíduo ou mercado estará disposto a contratar ou adquirir dentro de um intervalo de tempo. A demanda refere-se a um fluxo, ou seja, só tem sentido se referir à demanda dentro de um determinado intervalo de tempo (mês, semana, dia etc.).

Quais seriam então os fatores que determinariam a procura do indivíduo na economia?

Fatores que determinam a demanda

- A preferência ou utilidade do produto;
- O preço do produto;
- A renda do consumidor;
- O preço de produtos ou bens que o consumidor normalmente adquire;
- Propaganda.

Na verdade, essa relação poderia ser estendida, pois a cada momento temos novos fatores atuando na determinação da procura por bens na economia.

A preferência ou utilidade do produto

Para que o consumidor possa procurar determinado bem, é necessário que o mesmo apresente alguma utilidade. Assim, quando adquire um produto ele deseja obter a máxima utilidade desse bem ou serviço. Em economia costuma-se utilizar o conceito de utilidade marginal, vejamos:

Um casal ao chegar a um restaurante pede um prato. A utilidade marginal daquela refeição será elevada, pois o referido casal não havia ainda almoçado. No entanto, se for oferecido um segundo prato com certeza haverá recusa, pois, a utilidade será praticamente nula, mesmo que seja a um preço bem inferior. O conceito de utilidade marginal é definido pela contribuição adicional do consumo de mais uma unidade daquele produto.

Assim, na medida em que ocorre a redução da utilidade marginal, ocorre uma redução na procura por um determinado bem.

O preço do produto

O preço é o principal determinante da lei da demanda. O preço refere-se à quantidade de equivalente geral da economia pelo qual aquele produto pode ser trocado. Em um mercado, quando acontece uma variação no preço, ocorre uma relação inversa a respeito da quantidade demandada (mantendo as demais variáveis constantes). Ou seja, uma elevação no preço de um bem provoca redução de quantidade demandada.

Tabela 1 Variação da quantidade demandada em relação ao preço

Preço	Quantidade demandada
0,00	70
1,00	60
2,00	50
3,00	40
4,00	30
5,00	20
6,00	10

No exemplo apresentado na tabela, ao preço de 6,00 o consumidor estava disposto a adquirir apenas dez unidades do produto, no entanto, na medida em que o preço foi se reduzindo, cresceu sua tendência de consumo. Nesse caso, ocorreu inclusive um aumento em seu gasto total.

É verdade que existem situações nas quais o consumidor está disposto a adquirir uma quantidade específica do produto, independente do comportamento dos preços. Neste caso, por exemplo, se o produto em questão for um bem perecível, o consumidor só comprará aquela quantidade que poderá consumir dentro de um determinado período.

Desse modo, é importante destacar que esse comportamento da demanda se refere apenas aos bens normais. Existem bens para os quais a demanda possui um comportamento diverso, por exemplo, existem produtos que são extremamente caros, com preços que não tem nenhuma relação com o tempo de trabalho necessário para produzi-las (obras de arte, roupas de grife, etc.). Nesse caso, a procura por essas mercadorias está associada exatamente a seu preço elevado.

Gráfico 2
Curva da Demanda

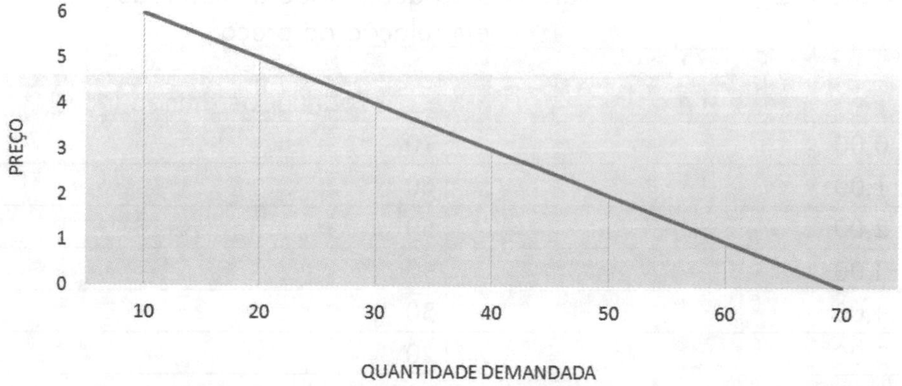

É importante destacar que a demanda não é a compra efetiva, mas a quantidade máxima que aquele consumidor estaria disposto a comprar durante um determinado período. O exemplo acima está relacionado à demanda individual. A demanda de mercado consiste no somatório das demandas individuais. Desse modo, o gráfico representa a demanda e deslocamentos ao longo dessa curva, que representam as variações de quantidade demandada.

Classificação dos bens econômicos

Quanto ao formato:

- **Materiais:** resultado da produção material (roupas, alimentos, etc.).
- **Imateriais ou intangíveis:** serviços destinados a famílias, empresas e utilização de marcas, patentes e licenças etc.

Quanto ao destino:

- **Bens de consumo:** destinados a satisfazer as necessidades do usuário final, ou seja, está pronto para ser utilizado. Pode ser durável ou não durável.
- **Bens de Capital:** são aqueles que possibilitam a produção de outros bens como máquinas e equipamentos.
- **Bens intermediários ou insumos:** são matérias-primas destinadas à produção cuja característica principal seria a de desaparecer no processo produtivo, uma vez que acaba se transformando no produto final.

Como essa classificação considera o destino das mercadorias, há diferenças no caso da aquisição do bem ser realizada por pessoa física ou pessoa jurídica. Por exemplo, um equipamento pode ser considerado um bem de capital se for adquirido por pessoa jurídica e um bem de consumo durável se tiver como destino pessoa física.

Período ou tempo de consumo:

- **Bens de consumo duráveis**: produtos que como o próprio nome identifica, apresentam um tempo maior de durabilidade, por exemplo, automóveis, geladeiras, máquinas de lavar etc.
- **Bens de consumo não duráveis**: roupas, alimentos e produtos com um menor período de consumo.
- **Bens de consumo semiduráveis**: produtos que se encontram em situação intermediária como eletrodomésticos menores, eletroportáteis.

Status do produto ou perfil:

- **Bens de luxo**: produtos em que não existe racionalidade econômica para seu consumo, ou seja, sua procura está associada ao seu preço elevado. O produto é consumido devido ao fato de apresentar preços elevados (roupas de grife).
- **Bens normais**: corresponde a quase totalidade dos itens produzidos na economia. Para esses produtos prevalece a lei da oferta e procura, ou seja, se o produto apresentar preços em queda ocorre um aumento da quantidade procurada, e quando há elevação no preço, o movimento se dá no sentido inverso.
- **Bens inferiores**: são classificados como bens inferiores produtos que apresentam seu consumo reduzido quando se verifica aumento na renda dos consumidores. São vários os

exemplos de trabalhadores que quando percebem elevação da renda passam a consumir produtos mais bem elaborados ou de qualidade superior.

A renda do consumidor

Na medida em que aumenta o nível de renda dos consumidores há, em contrapartida, uma tendência de elevação na quantidade comprada dos bens e serviços disponíveis na economia. Novamente, deve-se destacar que esse comportamento é esperado dos bens normais.

Existem bens que possuem comportamento diverso. Produtos inferiores ou destinados à população de baixa renda têm uma redução em sua procura quando temos uma situação de elevação de renda (miúdos de frango, carne de 2ª, roupas usadas etc.) que são definidos como bens inferiores. Também existem produtos que são pouco sensíveis às variações nos preços, principalmente itens que compõem a cesta de consumo dos trabalhadores. Se, por exemplo, ocorrerem variações nos preços do arroz ou do feijão, haverá, em contrapartida, uma alteração muito pequena de seu consumo.

Existem ainda outras situações nas quais se verificam reduções no consumo. O trabalhador ao receber seu salário pode dividir seus recursos em função de seu orçamento, destinando parcelas correspondentes a cada tipo de gasto. Se de seus hábitos de consumo 30% for destinado à roupas, 20% à alimentação, 10% à saúde, 20% ao lazer e 20% à educação ele deverá dividir seu salário respeitando esta proporção. No entanto, se subitamente ocorrer uma elevação no preço dos itens relacionados à educação esse consumidor deverá reduzir seus gastos em consumo nos demais setores.

O aumento do rendimento dos consumidores pode ocorrer de modo indireto, quando há uma queda generalizada dos itens que compõem sua cesta de consumo. Nesse caso, trata-se de um aumento associado ao poder de compra.

Por exemplo, quando o consumidor possui um determinado padrão de consumo, ocorrendo uma redução no preço desses itens, aumenta a possibilidade dele realizar novos gastos, ou seja, adquirir novos hábitos de consumo.

Relação do produto com bens substitutos e complementares

A própria definição do que são bens substitutos e bens complementares ajuda a entender como são estabelecidas as relações entre os produtos.

Bens substitutos

São considerados bens substitutos aqueles que possuem um equivalente pelo qual pode ser substituído pelo consumidor, exemplificando: quando por algum motivo ocorrer uma elevação no preço da carne vermelha, ocorre uma redução na quantidade demandada e, paralelamente, há um aumento na demanda de carnes brancas (aves e peixes). Desse, modo pode-se dizer que a carne branca é um bem substituto da carne vermelha. Sempre que ocorrer uma elevação no preço de uma, tende a ocorrer um aumento na quantidade demandada da outra.

Bens Complementares

São considerados bens complementares aqueles produtos que são consumidos sempre em conjunto (pão com manteiga, arroz e feijão, macarrão e molho de tomate, xampu e condicionador etc.). Para esse conjunto de bens podemos demonstrar essa relação entre os produtos com o seguinte exemplo: quando por algum motivo ocorre uma elevação no preço de um determinado tipo de xampu, tende a ocorrer uma redução na quantidade procurada desse produto e também redução na demanda de condicionador.

Importante!

Variação na quantidade demandada: uma variação no preço provoca aumento ou redução da procura.

Variação na demanda: a um mesmo preço temos um aumento ou redução na procura.

Propaganda

A atividade de propaganda é uma etapa importante no processo produtivo das empresas. As empresas não precisam apenas produzir um produto de boa qualidade, devem também convencer os consumidores de tal fato. Desse modo, é lícito afirmar que a propaganda é um fator determinante na demanda dos consumidores.

As novas estratégias de propaganda adotadas pelas empresas apresentam ao consumidor características do produto muitas vezes irreais. Dessa maneira, uma boa propaganda estabelece novas demandas, ou seja, coloca ao consumidor novas escalas de necessidade.

A Oferta

A oferta também corresponde a um fluxo, ou seja, a quantidade de certo bem que os produtores estariam dispostos a colocar no mercado durante um determinado período. Essa quantidade está diretamente relacionada ao preço

De acordo com a lei geral da oferta, a quantidade ofertada apresenta uma variação na mesma direção do preço. Isso significa que quando os preços de um determinado produto se elevam ocorre aumento na quantidade ofertada. A tabela a seguir apresenta um exemplo dessa situação:

Tabela 2 Variação da quantidade ofertada em relação ao preço

Preço Unitário	Quantidade Ofertada
0,00	100
1,00	200
1,20	300
1,50	500
1,80	800
2,00	1200

De acordo com o exemplo, na medida em que cresce o preço de mercado da mercadoria descrita, os comerciantes estão dispostos a oferecer uma quantidade cada vez mais elevada desse produto.

É importante ressaltar que neste exemplo está se trabalhando em uma situação de concorrência perfeita. Desse modo, além dos próprios comerciantes do setor aumentarem a quantidade ofertada do produto, ainda haveria a possibilidade de empresários de outros segmentos deslocarem-se para esse mercado.

Nessa hipótese, comerciantes de outros setores encerrariam suas atividades e passariam a investir nesse setor da economia se este se apresentasse mais lucrativo. Sabe-se também que o preço não é o único fator a determinar o nível de oferta da economia.

A oferta pode ser representada graficamente, de modo que a curva representa a oferta e os deslocamentos ao longo dessa curva representam as variações de quantidade ofertada.

Gráfico 3
Curva da Oferta

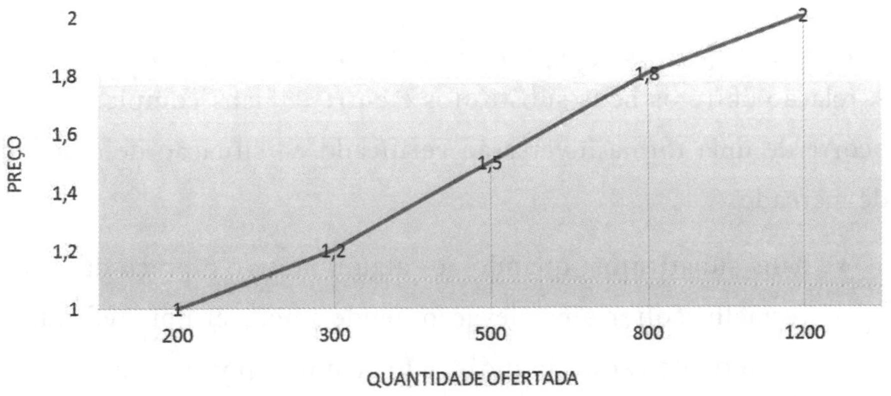

Fatores que determinam a oferta

São vários os fatores que interferem nas variações da oferta, dos quais podem ser destacados:

- Variação no preço dos fatores de produção;
- Alterações nos preços dos bens substitutos e complementares;
- Descobertas de novas fronteiras tecnológicas.

Variação no preço dos fatores de produção

As empresas tendem a aumentar a oferta de determinados produtos na economia sempre que existe possibilidade de redução de custos. Essa situação se concretiza quando acontecem quedas nos preços pagos aos fatores de produção (matéria-prima, terra, trabalho, tecnologia).

Assim, mesmo que alguns economistas afirmem que o salário do trabalhador já não é o componente de maior peso na decisão da empresa em aumentar a oferta, é inegável que, pela lógica, uma redução no nível de salários estimularia esse processo.

Alterações nos preços com relação a bens substitutos e bens complementares

A relação entre os bens substitutos e entre os bens complementares ocorre de uma forma inversa ao verificado na situação de demanda de mercado.

- **Bens substitutos:** quando por algum motivo o preço da carne vermelha sofrer uma elevação, tende a ocorrer uma redução na oferta de carnes brancas. Isto acontece porque, com o aumento no preço da carne vermelha, os produtores tendem a aumentar a produção e empresários de outros segmentos poderão ingressar neste mercado.
- **Bens Complementares:** em relação aos complementares, quando aumenta o preço de um determinado item, acontece também uma elevação na oferta do produto que é consumido em conjunto, exemplo: Com o aumento no preço do pão, acontece uma elevação na oferta da margarina. Isso acontece

porque com o aumento no preço do pão tende a ocorrer também uma elevação em sua quantidade ofertada. Ou seja, os produtores passam a tentar mais produtos no mercado em um mesmo nível de preço. Paralelamente aumenta também a oferta do item que o complementa no consumo, no caso a margarina. O pressuposto é que se estão fabricando mais pães, certamente deve haver mais espaço para a produção de margarina.

Importante!

Variação na quantidade ofertada: uma variação no preço provoca aumento ou redução da quantidade de mercadorias que os produtores estariam dispostos a colocar no mercado, durante um determinado período.

Variação na oferta: a um mesmo preço temos um aumento ou redução na quantidade de mercadorias que os produtores estariam dispostos a colocar no mercado, durante um determinado período.

O equilíbrio de mercado

De acordo com o que já foi observado até o momento, a quantidade demandada aumenta no sentido inverso dos preços, ao passo que a quantidade ofertada cresce no mesmo sentido dos preços (mantendo-se os demais fatores inalterados). No mercado, quando ocorre o encontro ou a interseção entre a curva de demanda e a curva de oferta é possível localizarmos o preço e a quantidade de equilíbrio de mercado.

Tabela 3 O equilíbrio do mercado

Preço Unitário	Quantidade Demandada	Quantidade Ofertada
1,00	1200	200
1,20	800	300
1,50	500	500
1,80	300	800
2,20	200	1200

No exemplo demonstrado na tabela, se o preço do produto fosse 1,00 os consumidores estariam dispostos a comprar no máximo a quantidade de 1200, ao passo que os vendedores só teriam a disposição de colocar 200 unidades no mercado. Por outro lado, se o preço fosse de 2,20 os vendedores teriam condições de ofertar a quantidade de 1200, ao passo em que os consumidores, a esse preço só comprariam no máximo a quantidade 200.

Entre essas duas situações existe uma posição intermediária na qual a intenção de compradores e vendedores teria uma convergência. Ao preço de 1,50 os consumidores estariam dispostos a comprar no máximo 500 unidades, a mesma quantidade que os vendedores estariam dispostos a colocar no mercado nesse nível de preço. Essa seria a situação de equilíbrio de mercado.

Podemos representar graficamente a situação de equilíbrio de mercado. A curva S representa a oferta de mercado e a curva D representa a demanda de mercado. A interseção entre as curvas de oferta e demanda representa a situação de equilíbrio de mercado.

Gráfico 4
Equilíbrio de mercado

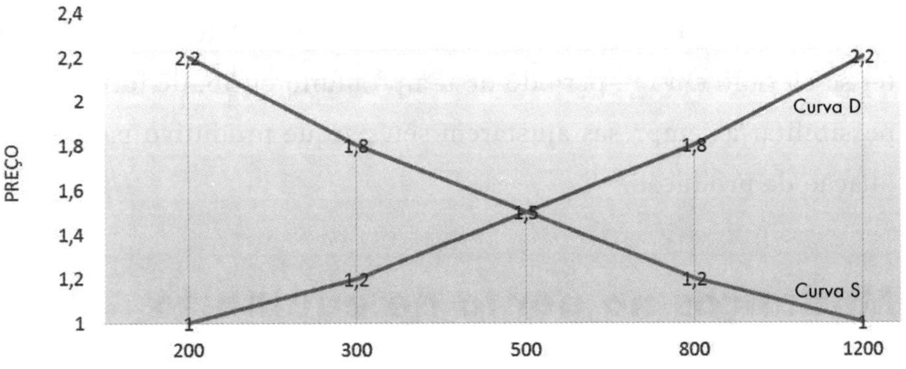

Quando as empresas oferecem uma quantidade superior ao ponto de equilíbrio significa que está ocorrendo um excesso de oferta. Na situação inversa, o nível de oferta pode ficar em um patamar inferior ao ponto de equilíbrio. Neste caso, ocorre um excesso de demanda.

Essa situação, a princípio, não parece muito lógica, pois se o vendedor pode escoar toda sua produção ao preço de R$1,50 porque o faria a um preço menor? No Brasil, no início de 1986, houve um congelamento de preços e salários e foi possível observar esse fenômeno.

Naquele momento o país enfrentava uma situação de elevada inflação e o governo impôs esse congelamento. Alguns produtores estavam às vésperas de promover reajustes, de modo que com o congelamento seus preços ficaram inferiores aos seus custos de produção.

Assim, as empresas produziam o mínimo, apenas para não saírem do mercado. Esse é um caso em que há excesso de demanda, ou seja, a quantidade procurada naquele nível de preços era superior a quantidade ofertada.

Outra explicação para esse fenômeno seria o fato de a demanda ter se elevado em um período de tempo muito curto, de forma a não possibilitar as empresas ajustarem seu parque produtivo para a ampliação da produção.

Mudanças no ponto de equilíbrio

Podem ocorrer mudanças no ponto de equilíbrio do mercado devido a alterações na demanda e na oferta. Como foi observado em passagens, anteriores vários, são os motivos para que ocorram mudanças na demanda e também na oferta. No exemplo utilizado foi observado que ao preço de 1,50 a quantidade demandada coincide com a quantidade ofertada. No entanto, pode acontecer a seguinte situação:

Se os consumidores que compram esse produto tiverem uma elevação em sua renda (por exemplo, aumento de salário). Nessa situação eles estariam dispostos, no mesmo nível de preço a comprar uma quantidade superior dessa mercadoria. No exemplo, no preço de R$1,50 a quantidade demandada era de 500.

Se, por exemplo, nesse nível de preço os consumidores passarem a comprar no máximo 800 unidades, haverá um aumento na demanda. Porém, as empresas percebendo esse aumento podem não querer oferecer essa quantidade.

Assim as empresas vão estabelecer um novo patamar de oferta a um preço superior ao anteriormente praticado. É possível que agora, devido ao aumento na renda dos consumidores, as empresas possam tentar oferecer as 500 unidades a um preço mais elevado ou estabelecer um nível intermediário de elevação de oferta e de preço. Por exemplo, pode se chegar ao novo preço de equilíbrio de R$1,70 e quantidade de equilíbrio de 700.

Desse modo, teria ocorrido um deslocamento do ponto de equilíbrio devido a um deslocamento inicial da curva de demanda.

A situação inversa também pode ocorrer. Por exemplo, um súbito aumento no número de desempregados pode fazer com que as empresas percam parte significativa de sua clientela. Dessa forma haveria uma redução na demanda por esses produtos. Neste caso, no mesmo nível de preço, 1,50, ocorreria menor procura por essas mercadorias, por exemplo, 100. Paralelamente ocorreria uma redução na oferta desse produto para esse novo nível de preço. Assim sendo, alguns produtores sairiam desse mercado e os que permanecem no mercado o fariam operando com o menor nível possível de investimentos (demissões).

No caso de mudanças no ponto de equilíbrio devido a alterações na oferta, também pode ocorrer uma situação em que as empresas implementem processos de inovação tecnológica (automação e informatização) fazendo com que ocorram uma redução em seus custos. Com isso as empresas passam a ter condições de, naquele mesmo nível de preço, oferecer uma maior quantidade do produto.

Por fim, poderia acontecer de ao preço de R$1,50 os empresários estivessem dispostos a oferecer a quantidade de 700 unidades dessa mercadoria. O consumidor, no entanto, só estaria disposto a adquirir a esse preço a quantidade inicial de 500. Em vista disso, os empresários serão obrigados a uma redução no preço para que possam elevar o nível de oferta, que pode ocorrer em um ponto intermediário entre 500 e 700.

Elasticidade da Demanda

Elasticidade preço-demanda

Para explicar o conceito de elasticidade vale retornar à lei da demanda e da oferta. Sabe-se que tudo mais permanecendo constante, uma variação no preço de determinado produto leva a uma variação na procura. Assim, reduções no preço tendem a aumentar a quantidade procurada deste produto.

É importante mais uma vez destacar que esse comportamento refere-se aos bens normais, ou seja, a maioria dos produtos. No entanto, existem produtos que não seguem esse tipo de comportamento. No caso de bens de consumo saciados, pode ocorrer uma redução drástica no consumo sem, no entanto, provocar uma elevação significativa da procura.

Produtos que fazem parte da cesta de consumo dos trabalhadores, como arroz e feijão, podem sofrer reduções significativas no preço sem que ocorra um aumento significativo da procura. Isso se deve ao fato que o trabalhador que consome 10 kg de arroz por mês não consumirá 15 kg se o produto sofrer uma redução de 50% no preço, tampouco fará estoques em razão da possibilidade de deterioração.

Este é o caso de produto que possui demanda inelástica ou pouco elástica, ou seja, a procura desse item é pouco sensível a variações de preço.

Desse modo, a elasticidade da demanda mede qual a variação na quantidade procurada de determinado produto devido a variações no preço.

Produtos essenciais e que fazem parte da cesta de consumo dos trabalhadores possuem a demanda inelástica. Produtos que não possuem substitutos no mercado também apresentam essa característica. Voltando ao exemplo do arroz, mesmo que esse produto tenha um aumento repentino no preço o trabalhador continuará consumindo esse item. Pode reduzir um pouco a quantidade consumida, porém não na mesma proporção da variação no preço.

Em contrapartida, produtos de luxo ou supérfluos possuem o comportamento oposto, ou seja, pequenas variações nos preços causam aumentos significativos em sua procura. Neste caso possuem demanda elástica.

No Brasil, a maior parcela da população não tem acesso a produtos como iogurtes, biscoitos e queijos. Nesse caso são considerados produtos supérfluos e, portanto, possuem a demanda elástica. As estatísticas relativas ao consumo permitem afirmar que sempre que há aumento na renda nas camadas mais pobres da população, observa-se um grande aumento na procura por esses produtos. Durante o início do Plano Cruzado, nos meses iniciais do Plano Real e ao longo do crescimento recente da economia brasileira (2004/2014) verificou-se um grande crescimento no consumo desses itens.

A elasticidade no preço da demanda pode ser representada da seguinte forma:

$$EpD = \frac{\text{Variação percentual na quantidade}}{\text{Variação percentual no preço}}$$

O exercício a seguir pode ajudar a entender como se realiza esse cálculo:

Suponha que ao preço unitário de R$ 3,50 uma empresa varejista tenha condições de comercializar 3.000 unidades (kg) de leite. Em um segundo momento, suponha que os preços subam para R$ 5,00.

A esse preço, a quantidade demandada cai para 2.800 Kg. Qual seria a elasticidade preço da demanda para esse mercado.

A variação percentual da quantidade seria determinada por =

$$\Delta\%\,Q = \frac{(\text{quantidade final} - \text{quantidade inicial})}{\text{Quantidade inicial}}$$

$$(\%) = \frac{(\text{quantidade final} - \text{quantidade inicial})}{\text{Quantidade inicial}}$$

$$(\%) = \frac{2.800 - 3.000}{3.000} = \frac{-200}{3.000} = -0{,}067 \text{ ou } 6{,}7\%$$

A variação percentual no preço seria determinada por =

$$\Delta\%\,P = \frac{\text{preço final} - \text{preço inicial}}{\text{preço inicial}}$$

$$\Delta\%\,P = \frac{5{,}00 - 3{,}50}{5{,}00} = \frac{1{,}50}{3.000} = 0{,}3 \text{ ou } 30\%$$

$$EpD = \frac{\text{Variação percentual na quantidade}}{\text{Variação percentual no preço}} = \frac{0{,}067}{0{,}3} = 0{,}22$$

Qual o significado desse cálculo?

No exemplo, a procura pelo produto é pouco sensível a variações nos preços. Para cada variação positiva de 30% nos preços ocorre redução na quantidade procurada de leite em 6,7%. Neste caso trata-se de uma demanda inelástica.

Quando for realizado o cálculo da elasticidade da demanda é importante observar que o resultado sempre aparecerá com o sinal negativo em razão de ocorrer uma relação inversa entre as variações nos preços e nas quantidades. Desse modo é importante observar apenas o módulo, ou seja, o número no resultado final, sem o sinal negativo.

Assim, quando:

Epd < |**1**| = demanda inelástica. O número ou o módulo menor que 1.

Epd > |**1**| = demanda elástica. O número ou módulo maior que 1.

Epd = |**1**| = demanda unitária. O número ou módulo = 1.

A influência da elasticidade no comportamento das empresas

De acordo com a lei da demanda algumas empresas com intuito de aumentar sua receita promovem liquidações, isto é, reduzem o preço do produto na expectativa de perceberem um aumento na quantidade procurada de seus produtos. No entanto, essa redução no preço só valerá a pena se ocorrer uma variação significativa da quantidade procurada.

No exemplo verificado no exercício sobre elasticidade, a empresa aumentou o preço em 30% e a redução na quantidade procurada correspondeu a apenas 6,7%. Isto significa que, quando o produto possui uma demanda inelástica, as empresas podem promover elevações no preço sempre que desejarem aumentar suas receitas. Lembrando que a receita total das empresas é resultado da multiplicação do preço de cada mercadoria pela quantidade de unidades produzidas ou comercializadas.

A redução nos preços, com intuito de aumentar as vendas pode fazer com que a empresa tenha perda de receita. Podemos representar essa situação na tabela a seguir:

Tabela 4 Comportamento da receita total das empresas

Preço	Quantidade Demandada	Receita Total (Preço X quantidade)
3,50	3,000	10.500,00
5,00	2.800	14.000,00

Se fosse uma situação de demanda elástica ocorreria o processo inverso, ou seja, pequenas reduções no preço provocariam uma grande procura pelo produto, levando ao aumento da receita da empresa.

Tabela 5 Comportamento da receita total das empresas

Preço	Quantidade Demandada	Receita Total (Preço X quantidade)
1,70	7.000	11.900,00
2.00	5.000	10.000,00

No exemplo acima ocorreu uma redução no preço do produto com o expressivo aumento na quantidade demandada. Neste caso, foi interessante para a empresa promover redução no preço uma vez que contribuiu para o aumento de sua receita.

Importante!

Demanda elástica: Ocorrendo redução nos preços temos aumento em proporção maior da quantidade demandada, aumento nos gastos totais dos consumidores e na receita das empresas.

Ocorrendo aumento nos preços temos redução em maior proporção na quantidade demandada, redução nos gastos totais dos consumidores e na receita das empresas.

Demanda inelástica: Ocorrendo redução nos preços temos aumento em proporção menor da quantidade demandada, redução nos gastos totais dos consumidores e na receita das empresas.

Ocorrendo aumento nos preços temos redução em menor proporção na quantidade demandada, aumento nos gastos totais dos consumidores e na receita das empresas.

Elasticidade renda da demanda

A elasticidade renda da demanda demonstra o modo como variações na renda do consumidor provocam alterações na procura pelo produto. Por exemplo, de acordo com a lei da demanda, se a renda do consumidor aumentar, a tendência é que ocorra uma elevação na procura dos itens que consome. Esse comportamento também só é verificado no caso dos bens normais. Existem alguns produtos que são consumidos pela população de baixa renda em que essa regra não se observa.

Nesse caso, na medida em que a pessoa tem elevações em sua renda ela deixa de consumir esses itens, migrando para produtos mais sofisticados. Por exemplo, aquele consumidor que compra normalmente pés e pescoço de galinha, ao receber um aumento salarial vai deixar de comprar esses itens e passará a comprar o frango inteiro ou então as partes mais nobres. Desse modo, uma variação positiva na renda do consumidor provocará uma redução na procura por pés e pescoço de galinha.

De acordo com a chamada lei de Engel, na medida em que se eleva a renda de uma família, cai a participação nos gastos com alimentos.

Quanto mais pobre a família maior o comprometimento de sua renda com alimentação.

Importante!

Lei de Engel: Estatístico Alemão, Ernest Engel (1821-1896) desenvolveu a teoria na qual ocorre uma relação entre o nível de renda de uma família e seus gastos com alimentação. De acordo com essa lei os gastos com alimentação se reduzem na medida em que ocorre uma elevação na renda familiar. Assim as famílias mais pobres gastam proporcionalmente uma parcela maior de suas rendas com gastos em alimentação

Elasticidade da Oferta

O mesmo raciocínio utilizado para explicar a elasticidade da demanda é utilizado no caso da oferta. De acordo com a lei da oferta, tudo mais permanecendo constante, na medida em que ocorrem aumentos nos preços, o empresário também promoverá elevação da quantidade ofertada. Vale lembrar também que esse raciocínio é válido para os bens normais. Assim o coeficiente de elasticidade da oferta indicará qual a proporção de variação na oferta, na medida em que ocorre uma variação nos preços.

Esse tipo de indicador é utilizado com frequência para verificar a rigidez de um determinado mercado. No caso de produtos manufaturados, podemos perceber que as empresas ao notarem uma elevação nos preços de determinado produto procuram ampliar sua capacidade produtiva, de modo a atender essa demanda. Já o setor agrícola é menos sensível a variações de preços, pois existe um determinado tempo entre o plantio e a colheita.

Teoria da Firma

Produção

Para analisar o processo produtivo é necessário inicialmente observar quais são os recursos ou forças produtivas disponíveis na economia e suas respectivas remunerações.

Os fatores produtivos ou forças produtivas são os elementos que permitem a produção e fabricação de todas as mercadorias utilizadas na economia. Essa classificação é utilizada pela escola neoclássica do pensamento econômico para identificar não só quais são os fatores de produção, mas qual a contribuição de cada um na atividade econômica.

Quadro 1 Os fatores produtivos e as respectivas remunerações

Fatores Produtivos ou Forças Produtivas	Remuneração dos Fatores
Trabalho	Salário
Capital	Juros
Terra	Renda
Capacidade Empresarial	Lucros

Para os economistas da escola clássica são considerados apenas três fatores (terra, capital e trabalho). Alguns autores contemporâneos, aliás, gostam de incluir a tecnologia como um fator produtivo e os *royalties* como remuneração por esse fato. Trata-se de uma imprecisão, pois na tecnologia podem ser incluídas as máquinas e equipamentos, ou seja, ela é parte integrante do capital.

Durante o processo produtivo são realizadas várias combinações entres os referidos fatores. A preocupação da economia é a de procurar, dada à tecnologia existente, a melhor combinação possível entre esses fatores, de modo a maximizar a produção. Ou seja, buscar formas de utilizar a menor quantidade de fatores produtivos com o máximo de produção.

Assim, afirma-se que o processo é tecnicamente eficiente quando esse objetivo é alcançado. Nos processos produtivos existem outros fatores de produção além da mão de obra, e são divididos em:

- **Fatores de produção fixos:** são os fatores que não sofrem variações na medida em que aumenta o produto, por exemplo, as instalações da empresa.
- **Fatores de produção variáveis:** sofrem variações na medida em que ocorrem alterações no nível da produção, mão de obra, matéria-prima e os diversos insumos utilizados na produção. De modo que, conforme aumenta a produção, ocorre a elevação na utilização desses recursos.

Ainda em relação ao processo produtivo uma consideração importante está relacionada ao período de produção.

- **Longo prazo:** pode ser considerado longo prazo quando todos os fatores sofrem variações. Por exemplo: se um empresário decide construir uma indústria no Rio de Janeiro, porém encontra-se ainda na fase do planejamento do empreendimento, trata-se de um investimento de longo prazo, pois todos os fatores produtivos são variáveis.

Mesmo que decida ampliar a capacidade produtiva aumentando o tamanho da unidade, ainda assim se caracterizaria como investimento de longo prazo, pois todos os fatores sofreram variações até que essas novas instalações possam ser utilizadas.

- **Curto prazo**: no curto prazo é necessário a presença de pelo menos um dos fatores fixos. Se o dono de um hotel perceber um repentino aumento na demanda por ocupação e decidir contratar mais alguns trabalhadores, o fator variável será a mão de obra e o fator fixo corresponderá às instalações da empresa.

É muito importante que se perceba esta diferença, pois os investimentos de longo prazo normalmente estão associados à estabilidade econômica e confiança na economia do país. No Brasil, em momentos de crise, percebe-se a redução neste tipo de investimento.

Lei dos rendimentos decrescentes

De acordo com a lei dos rendimentos decrescentes, aumentando a quantidade de fatores variáveis em um processo produtivo (mão de obra) e mantendo os demais fatores fixos no início ocorrerá um crescimento da produção. Na medida em que se continue a aumentar essa quantidade de fator variável, a produção continuará a crescer em um ritmo menor até que chegará um ponto em que ela começará a cair.

No exemplo a seguir, na medida em que ocorre um aumento no número de trabalhadores (unidade de fator variável) a produção começa a crescer até um determinado patamar, porém chega a um nível em que qualquer incremento nesta variável resultará em decréscimo na produção.

Quando o processo produtivo opera com oito trabalhadores obtém a produção máxima de 75 unidades. Porém quando o número de trabalhadores passa a nove ocorre um declínio da produção para 70 unidades. Se mais trabalhadores forem adicionados ao processo produtivo a produtividade continuará caindo.

Tabela 6 Evolução da produção com aumento do fator variável

Fator Fixo	Fator Variável (Mão de obra)	Produto Total
1	1	10
1	2	20
1	3	30
1	4	40
1	5	50
1	6	58
1	7	66
1	8	70
1	9	68
1	10	68

Gráfico 5
Lei dos rendimentos decrescentes

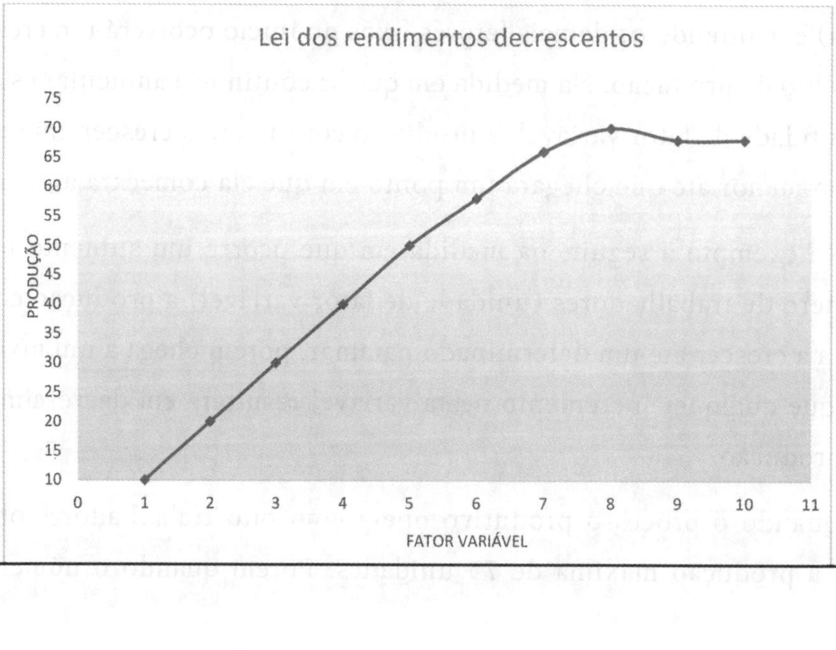

Esse fato pode ocorrer quando aumenta repentinamente a procura pelos produtos dessa empresa. O proprietário no afã de obter lucros extraordinários começa a contratar trabalhadores de modo ilimitado. Chegará a um ponto em que, em função da quantidade limitada de equipamentos, esse acréscimo de trabalhadores poderá provocar inicialmente estagnação e posteriormente queda no nível de produção.

Quando esse fenômeno acontece o produto marginal começa a ficar negativo, ou seja, o acréscimo de cada unidade de fator variável não contribui mais para o aumento da produção.

O produto marginal é definido como:

$$\textbf{Produto Marginal} = \frac{\text{Variação na produção total}}{\text{Acréscimo de 1 unidade de fator variável}}$$

O exemplo a seguir permite observar esse comportamento. No caso, o fator fixo é representado pelas instalações físicas de uma fábrica. O processo de produção se inicia e gradativamente vai aumentando o número de unidades de fator variável.

Tabela 7 Comportamento do produto médio e do produto marginal

Fator Variável	Produção	Produto Médio	Produto Marginal
01	15	15	15
02	30	15	15
03	45	15	15
04	60	15	15
05	75	15	15
06	88	14,66	13
07	100	14,28	12
08	100	12,50	0
09	98	11	-2
10	95	9,5	-3
11	90	8,18	-5

Percebe-se que a partir de um determinado momento a produção média começa a cair. Isto significa que o acréscimo de fator variável, por exemplo, contratação de trabalhador, não provocou aumento da produção na mesma intensidade que verificada no início do processo produtivo.

Ao chegar na oitava unidade produzida continua a ocorrer queda na produção média e o produto marginal é igual a zero. Ou seja, esse oitavo trabalhador praticamente não contribui com o incremento da produção. Desse modo, esse seria o momento em que a empresa deveria interromper o aumento da utilização dos fatores variáveis.

Os custos de produção

Na economia a preocupação central das empresas é a busca na maximização de seus ganhos. Uma possibilidade para que as empresas atinjam esse objetivo se daria através da redução de seus custos.

Desse modo é necessário que se conheçam quais são os componentes dos custos de produção. Importante destacar que em economia a abordagem dos custos recebe um tratamento diferente do verificado em contabilidade.

Em economia, além dos custos explícitos, diretamente relacionados ao processo de produção, são considerados os chamados custos de oportunidade ou custos implícitos. Já em relação aos custos contábeis, podemos dizer que se referem aos gastos efetivamente realizados pelas empresas e que envolvem dispêndios monetários.

Exemplo de custo de oportunidade

Se uma pessoa possui um estabelecimento comercial em região nobre de São Paulo e nesse endereço resolva abrir um comércio de hortaliças, frutas e verduras, descontando todas as despesas, é possível que a empresa obtenha um lucro significativo. No entanto, como o imóvel é próprio, a pessoa não considera a renda que está deixando de arrecadar se decidisse alugá-lo.

Além disso, seria necessário verificar quanto o empresário receberia se ao invés de atuar no próprio negócio resolvesse empregar-se em outra empresa.

Os custos de produção podem ser divididos em:

- Custos fixos: custos relacionados aos componentes fixos na produção (máquinas, instalações e equipamentos). Independem do nível de produção.
- Custos variáveis: são os componentes dos custos que sofrem variações em decorrência de variações no nível de produção. Aumentam na medida em que ocorre uma elevação da produção.
- Custo total: refere-se ao somatório dos custos fixos + custos variáveis.
- Custo Marginal: corresponde aos custos decorrentes do acréscimo de uma unidade de fator variável ao processo produtivo. É representado por:

$$\textbf{Custo Marginal} = \frac{\text{Variação no custo total}}{\text{Acréscimo de uma Unidade de Fator Variável}}$$

Os custos também podem ser considerados no curto e no longo prazo.

- Longo prazo – Todos os fatores são variáveis, consequentemente existem apenas custos variáveis.
- Curto prazo – Há a ocorrência de pelo menos um componente de custos fixos, relacionados aos fatores fixos de produção e

um componente de fatores variáveis relacionados a variações na atividade econômica.

Desse modo, percebe-se que ao gestor empresarial é mais frequente a preocupação com análise de custos no curto prazo. A análise econômica de longo prazo refere-se a decisões da empresa relacionada à ampliação da estrutura física ou até mesmo a construção de novas unidades em outras localidades, ou seja, investimentos de longo prazo.

A tabela a seguir demonstra o comportamento dos custos em um processo produtivo. Na coluna A estão representadas as quantidades produzidas e na coluna C o incremento de fator variável na medida em que aumenta a produção.

Tabela 8 Comportamento dos custos no processo produtivo

(a) Quant.	(b) Custo Fixo	(C) Variável	(D) Total	(E) = (b/a)Fixo médio	(f) = (c/a) Variável Médio	(g) = (d/a) Total Médio	Marginal
0	15,00	0,00	15,00	-	-	-	-
01	15,00	3,00	18,00	15,00	3,00	18,00	3,00
02	15,00	6,00	21,00	7,50	3,00	10,50	3,00
03	15,00	8,00	23,00	5,00	2,67	7,67	2,00
04	15,00	10,00	25,00	3,75	2,50	6,25	2,00
05	15,00	11,00	26,00	3,00	2,20	5,20	1,00
06	15,00	15,00	30,00	2,50	2,50	5,00	4,00
07	15,00	20,00	35,00	2,14	2,86	5,00	5,00
08	15,00	25,00	40,00	1,87	3,12	5,00	5,00
09	15,00	31,00	46,00	1,67	3,44	5,11	6,00
10	15,00	37,00	52,00	1,50	3,70	5,20	6,00
11	15,00	45,00	60,00	1,36	4,09	5,45	8,00

Na medida em aumenta a escala de produção, o custo médio total diminui devido à redução nos custos fixos médios.

No exemplo utilizado, os custos variáveis aumentam na medida em que ocorre uma elevação no nível de produção, porém os custos variáveis médios permanecem constantes. É importante destacar que, na prática, existe um limite para que os custos variáveis médios permaneçam constantes. Esse limite é exatamente o momento no qual começa a operar a lei dos rendimentos decrescentes.

No exemplo percebe-se que até a produção da quinta unidade ocorre um decréscimo no custo variável médio. Justamente nesse momento verificamos o menor nível de custo marginal. Porém, a partir da produção da unidade seguinte, o custo médio volta a crescer de tal modo que a aquisição de novas unidades de fator variável aumenta a produção, mas em um ritmo menor. Consequentemente os custos variáveis começam a se elevar em proporções cada vez maiores.

Lucro e receita total

A preocupação central das empresas é a da busca incessante na maximização de sua receita. No entanto, não basta à empresa aumentar a receita. É necessário que essa operação se traduza em aumento nos lucros:

LUCRO TOTAL = RECEITA - CUSTOS

No exemplo a seguir apesar da empresa aumentar paulatinamente o nível de produção e consequentemente sua receita, não significou necessariamente que ela pudesse obter lucros. O resultado positivo aparece somente a partir da 8ª unidade produzida. Este fato ocorre devido aos custos fixos que na média tendem a reduzir-se na medida em que se aumenta a quantidade produzida. A tabela a seguir ajuda a entender esse processo.

Tabela 9 Comportamento do lucro das empresas

(1) Quantidade	(2) Preço	(3) Receita Total (1x2)	(4) Custo Fixo	(5) Custo Variável	(6) Custo Total (4+5)	(7) Lucro (3-6)
01	5,00	5,00	15,00	3,00	18,00	-13,00
02	5,00	10,00	15,00	6,00	21,00	-11,00
03	5,00	15,00	15,00	9,00	24,00	-09,00
04	5,00	20,00	15,00	12,00	27,00	-07,00
05	5,00	25,00	15,00	15,00	30,00	-05,00
06	5,00	30,00	15,00	18,00	33,00	-03,00
07	5,00	35,00	15,00	21,00	36,00	-01,00
08	5,00	40,00	15,00	24,00	39,00	01,00
09	5,00	45,00	15,00	27,00	42,00	3,00
10	5,00	50,00	15,00	30,00	45,00	5,00
11	5,00	55,00	15,00	33,00	48,00	7,00

Estruturas de Mercado

No início da análise da microeconomia foram consideradas algumas hipóteses, dentre elas a de que o mercado operava em regime de concorrência perfeita. Essa situação representa uma forma de estrutura de mercado.

Concorrência perfeita

Situação na qual as empresas concorrem entre si no mercado de modo que não haja possibilidade que uma delas venha controlar o mercado. Os preços são estabelecidos pela lei da oferta e da procura. As premissas desse modelo são:

- **Mobilidade completa do capital:** os capitais podem ser empregados em um determinado setor de atividade econômica, no entanto, quando as taxas de lucros são reduzidas pode ocorrer uma completa transferência desse capital para outro setor. Por exemplo, uma empresa comercial, ao perceber queda nas taxas de lucro do setor, pode encerrar suas atividades e ingressar no setor industrial.
- **Homogeneidade do produto:** nesses modelos o preço da mercadoria é estabelecido pelo mercado, no entanto, para que isso ocorra não podem existir diferenças entre as mercadorias. Na gênese do capitalismo esse processo ainda era realizável, atualmente somente em situações muito específicas é possível observar esse tipo de situação.
- **Inexistência de custo de informação:** para que nenhum produtor venha a controlar o mercado é necessário que não haja custo na informação, ou seja, nenhum produtor pode ter acesso a um conjunto de informações privilegiadas, pois, se tal fato ocorrer, esse produtor pode provocar distorções no mercado.
- **Não intervenção do governo na economia:** de acordo com esse modelo, quando o governo promove intervenções na economia, principalmente por meio da tributação, retira a economia da situação de equilíbrio. Esse fato acontece porque quando o governo estabelece os impostos provoca um aumento dos preços com a consequente redução das quantidades demandadas.

Da observação das condições necessárias para que a economia opere em uma situação de concorrência perfeita, percebe-se que na prática é muito difícil encontrar mercados com tais características. No entanto, esse modelo está presente na maioria dos trabalhos da escola neoclássica.

Monopólio

O monopólio é uma situação exatamente oposta à situação de concorrência perfeita. Neste caso existe apenas uma empresa controlando um determinado mercado. Na prática a situação de monopólio é pouco usual, pois a legislação da maioria dos países proíbe esse tipo de atividade. Essa situação ocorre, na realidade, somente em casos de monopólio estatal. Algumas atividades nas quais a sociedade define como atribuições do Estado (serviço militar, polícia, extração de petróleo, cunhagem de moeda, saneamento básico, etc.).

Também é possível encontrar a adoção de monopólio em atividades econômicas que são consideradas estratégicas para um determinado país.

No Brasil, um conjunto significativo de atividades correspondia a monopólio do estado: energia elétrica, saneamento básico e telecomunicações. No entanto, a partir dos anos 1990, houve um significativo processo de privatização e uma parcela dessas atividades passou para a responsabilidade do setor privado.

Em alguns setores foi possível estabelecer uma situação de ingresso de mais de um produtor em atividade que, anteriormente, era monopólio estatal, como por exemplo, a telefonia celular. Porém em setores como distribuição de energia elétrica para uso residencial, percebe-se uma situação de monopólio. Como cada concessionária ficou responsável pela distribuição de energia em um determinado espaço geográfico, não houve possibilidade (inclusive de caráter técnico) de ingresso de um segundo ofertante desse serviço.

Verifica-se desse modo, no Brasil, uma situação inusitada de presença de monopólios privados. O atenuante desse processo é que existe um forte controle do governo com relação ao estabelecimento das tarifas, minimizando as possíveis desvantagens que o consumidor teria com esse processo.

Oligopólio

É o tipo de estrutura de mercado mais recorrente no atual estágio do capitalismo. Nesse tipo de estrutura um número pequeno de grandes empresas controla o mercado. Normalmente esse grupo é constituído por empresas detentoras de somas volumosas de capitais e de conhecimentos técnicos. Nesse tipo de estrutura de mercado existem enormes barreiras de entradas. Por exemplo, na situação de concorrência perfeita era automático o ingresso de outros concorrentes quando o mercado apresentasse lucratividade elevada.

Em mercados dominados por oligopólios o capital não circula livremente, barreiras tecnológicas impedem a entrada de novos concorrentes. Além de ter que dominar as novas tecnologias, os novos concorrentes carecem de montantes significativos de capital. Assim, um fabricante de roupas não tem condições, de imediato, de passar a fabricar remédios. Uma das formas de perceber se o mercado se constitui em oligopólio seria medir o grau de concentração do setor de atividade econômica.

No Brasil vários setores apresentam essa característica: indústria farmacêutica; higiene pessoal; automobilística; eletrônica; biscoitos; laticínios e derivados do leite etc.

Quando ocorre a possibilidade de uma concentração absoluta de mercado os governos realizam interferências, impedindo que isso ocorra, pois pode trazer prejuízos ao consumidor. No Brasil o Conselho Administrativo de Defesa Econômica (CADE) é o órgão responsável por acompanhar esses processos com vistas a garantir a concorrência econômica. O órgão tende a não permitir que surjam situações de concentração absoluta, estabelecendo um conjunto de restrições e condições para esse processo.

Concorrência Imperfeita (concorrência monopolista)

Esse tipo de estrutura de mercado gerou bastantes controvérsias na economia. O principal teórico a definir esse conceito foi o economista *Edward Hastings Chamberlin*, em sua obra A Teoria da Concorrência Monopolista. De acordo com essa teoria, nesse tipo de estrutura de mercado as empresas realizariam diferenciações em seus produtos, de modo que deixariam de ter concorrentes diretos. Dessa maneira, as empresas teriam certo grau de controle sobre seus preços, de modo parecido com o que ocorre com o monopolista.

Nessa estrutura de mercado haveria o componente concorrencial, pois, as empresas competiriam entre si no mercado com produtos que poderiam ser substituídos. No entanto deteriam o monopólio de seu produto.

Quando a empresa implementa ações no sentido de diferenciação de produto, é frequente também o esforço em procurar associar o produto à própria marca. Assim a marca acaba sendo confundida com o próprio produto. No mercado brasileiro existe uma lista muito grande de produtos que apresentam essas características.

Oligopsônio

No Oligopsônio é observada a ocorrência de poucos compradores no mercado. Nesse tipo de situação o comprador exerce grande poder sobre o produtor. Um exemplo dessa situação pode ser localizado na atividade agropecuária. Produtores agrícolas que são obrigados, em algumas situações, a vender sua produção para as grandes redes de hipermercados. O produtor acaba tendo reduzidas as opções para vender seu produto e, consequentemente, pouco poder para estabelecer os preços. Além disso, em alguns setores o comprador impõe ao produtor o padrão e o modo como devem ser elaborados os itens que serão comercializados.

Monopsônio

No monopsônio ocorre a presença de apenas um comprador no mercado. É uma situação na qual o comprador exerce total poder sobre o produtor. Um exemplo seria a indústria de cigarros. O agricultor, no Brasil, que opta pela produção de tabaco em grande escala acaba necessariamente obrigado a vender sua produção a essa única indústria. O grau de controle sobre o processo produtivo por parte da indústria, neste caso, é muito elevado.

CAPÍTULO 4

Macroeconomia

A macroeconomia procura analisar o comportamento da economia pela ótica das informações agregadas. São estudadas questões como nível de crescimento da produção, inflação, comportamento do emprego e padrão de gasto do governo.

No tratamento dessas questões são consideradas informações referentes à produção total do país, e não apenas de um mercado isolado.

Na macroeconomia não há a preocupação em entender as ações dos agentes econômicos isolados. Essa informação só é relevante quando considerada em termos agregados, por exemplo, o comportamento de todos os consumidores, o nível de consumo na economia, a poupança, a renda, o emprego.

Para que seja possível realizar essa análise é necessário a obtenção de medidas que possibilitem aferir o comportamento e o nível de atividade econômica. Por exemplo, quando se trata de apenas uma empresa, o gestor mede o nível de atividade econômica por meio do incremento de produção e normalmente esse crescimento está associado ao aumento na procura por seus produtos. Na macroeconomia, para que se possa medir o tamanho da economia, bem como o nível de crescimento econômico, considera-se o agregado, ou seja, o conjunto da produção.

Existem várias possibilidades de se medir o grau de atividade econômica de um determinado segmento. No setor de comércio varejista variações no nível de atividade econômica estão associadas ao número de consultas aos sistemas de proteção ao crédito. Um aumento nessas consultas pressupõe o crescimento da atividade econômica. No setor industrial associam-se variações no nível de atividade econômica ao consumo de energia elétrica. Assim, uma redução no consumo de energia elétrica pode ser considerada como um decréscimo na atividade econômica (nesse caso não se consideram possibilidades de programas de economia de energia).

No entanto, para a existência de compatibilidade entre as diversas informações acerca da atividade econômica é que se utilizam indicadores de produtos, normalmente reduzidos a um equivalente monetário.

Para a realização do levantamento da produção, praticamente todos os países utilizam classificações de modo a agrupar as atividades em setores e segmentos. O Brasil utiliza a CNAE – Classificação Nacional de Atividade Economia.

Para fins de classificação são considerados os grandes setores ou atividades:

- Setor primário: integra as atividades extrativistas e agrícola;
- Setor secundário: corresponde ao conjunto das atividades industriais, inclusive agroindústria e produção mineral;
- Setor terciário: corresponde ao setor de atividade de comércio e serviços.

Na medida em que aumenta o grau de complexidade da economia surgem novas atividades econômicas e a necessidade de maior detalhamento.

Por exemplo, o setor secundário integra atividades econômicas muito distintas como indústrias com elevado grau de incorporação de tecnologia, pequenas unidades fabris, agroindústria e até mesmo a indústria da construção civil. Da mesma forma, os setores de comércio e serviços são extremamente diversificados.

Desse modo, a CNAE permite identificar cada grupamento específico da economia. Inicialmente essa classificação era apenas utilizada para fins de levantamento estatístico, posteriormente foi adotada por praticamente todos os órgãos governamentais para fins de cadastro e registros de pessoa jurídica.

Em quase todos os documentos das empresas passou a ser necessária a informação do setor de atividade econômica no qual está inserida. O critério adotado para definir o setor que a empresa deve integrar é o da atividade no qual ela aufere maior parcela de sua receita.

Vejamos um exemplo muito utilizado para explicar os critérios dessa classificação: se uma padaria obtiver maior parcela de sua receita na comercialização de pães, será considerada uma indústria de panificação (realiza a primeira venda de produto de fabricação própria). Caso a maior parcela de sua receita decorra da comercialização de itens revendidos (enlatados, frios, etc.), será considerada uma unidade do comércio varejista. No entanto, se a maior receita for proveniente da comercialização de refeições e lanches, essa empresa integrará o setor de serviços de alimentação.

O Instituto Brasileiro de Geografia e Estatística (IBGE) é o órgão de Estado responsável pela realização e gestão da CNAE. São realizadas atualizações sempre que a presença de uma nova atividade passe a ganhar relevância na economia.

Os agregados e as medidas de atividade econômica

Como foi destacado, a utilização dos agregados macroeconômicos tem dentre outras finalidades por objetivo medir a variação da produção ou a riqueza gerada pelo país durante um determinado período de tempo. Os dados referentes ao valor da riqueza gerada no país, em um determinado período podem ser obtidos de diferentes modos:

Ótica da Produção

O valor de tudo que é produzido no país é registrado por meio do somatório do valor monetário de toda a produção física do país durante um determinado período de tempo.

Ótica da Renda ou Remuneração dos Fatores

Considera-se a soma das remunerações de todos os fatores econômicos ou forças produtivas existentes na economia (salários, lucros, juros, aluguéis e impostos). Ao utilizar-se esse modo, considera-se que toda renda gerada na economia é distribuída para a remuneração dos fatores de produção existentes.

Ótica do Dispêndio

A soma de todas as despesas realizadas na economia pelos agentes econômicos é considerada para efeito de obtenção do valor do produto do país. São considerados nessa soma todos os gastos dos consumidores, do governo e das empresas.

O exemplo a seguir ilustra como é possível obter o produto da economia nas três modalidades.

Uma economia produz anualmente 500 unidades de geladeiras ao preço unitário de R$ 1.500,00:

Tabela 10 Modalidades de obtenção do resultado do produto da economia

Ótica de Produção		
Preço	Quantidade	Valor da produção
1.500,00	500	R$ 750.000,00

Ótica da Renda		Ótica do Dispêndio	
Remunerações	Totais	Gastos	Totais
Salários	300.000,00	Consumo	300.000,00
Impostos	150.000,00	Gasto	150.000.00
Lucros	300.000,00	Investimento	300.000,00
Total	750.000,00	Total	750.000,00

No exemplo é possível perceber que o total produzido pela economia do país resultou no valor de 750.000,00. Quando são consideradas as remunerações dos trabalhadores, dos empresários e da parcela correspondente ao governo na forma de impostos, observa-se que essa soma corresponde exatamente ao valor do que foi produzido na economia.

Isso significa que o resultado da produção foi dividido entre esses três agentes econômicos. Também é possível chegar ao mesmo valor realizando a soma do conjunto de gastos na economia.

O Produto Interno Bruto – PIB

O Produto Interno Bruto é um agregado macroeconômico muito utilizado para medir a capacidade produtiva de uma nação. Corresponde ao Valor Adicionado de todos os bens finais produzidos no país, independente da nacionalidade do capital. O Valor Adicionado corresponde a nova riqueza que foi produzida na economia, ou seja, para apurar o PIB do país observa-se o valor da produção em um determinado período e não o estoque de riqueza existente. Para a obtenção do valor adicionado da economia é realizada a soma do total produzido pela economia dentro de um determinado período, descontando o valor do consumo intermediário. Esse processo se faz necessário, pois poderia ocorrer a possibilidade de um mesmo produto ser inserido mais de uma vez no resultado da produção.

Entra na soma do PIB a contribuição produtiva de todas as atividades formais da economia. Com essa observação percebe-se a primeira limitação desse indicador devido a não inclusão das informações relativas ao setor informal da economia.

A possibilidade de incorporação dessas atividades seria muito importante, uma vez que a informalidade é uma característica de economias menos desenvolvidas. Desse modo, o PIB de países pobres e economias emergentes, como a do Brasil, apresenta uma dimensão menor do que potencialmente seria.

No Brasil, devido às dimensões do país e às diferenças regionais, o IBGE também levanta essa informação no âmbito das unidades da federação e, desde 2004, constrói esse agregado para os municípios. Desse modo, é possível verificar a contribuição de cada unidade da

Federação para o PIB do país e, também, no interior dessas unidades, a participação de cada município.

Na tabela abaixo é possível observar a composição do Produto Interno Bruto do Brasil, aferido pelas óticas do produto, renda e produção. O valor do PIB do Brasil, medido pela ótica da produção em 2013, correspondia a 5,3 trilhões de reais.

Tabela 11 O produto interno bruto a preços correntes

Valores a preços correntes (1.000.000 R$)	
Valor total da produção =	**9.090.434**
+ Impostos sobre produtos	777.859
– Consumo intermediário	4.551.838
Valor do Produto Interno Bruto	**5.316.455**

Além da dedução do consumo intermediário também são descontados os subsídios aos produtos, que pode ser considerado um imposto negativo, ou seja, aquela parcela não arrecadada pelo governo. Como os impostos são considerados no somatório do PIB, os subsídios devem ser descontados.

Desse modo o PIB pela ótica da produção corresponde à:

PIB = Produção – Consumo intermediário + Impostos – Subsídios.

A soma de todas as despesas realizadas na economia também corresponde ao total do PIB. Os dados disponíveis detalham o comportamento das despesas de modo que é possível observar a participação das famílias, das instituições sem fins lucrativos, da administração pública, investimentos do setor privado (Formação Bruta de Capital) e do saldo líquido do setor externo (Exportações – Importações).

PIB = Despesa (famílias) + Gasto (governo) + Investimento (empresas) + (Exportação –Importação)

No caso do saldo líquido do setor externo, é importante que ocorra a subtração das importações uma vez que correspondem a itens que foram produzidos fora do país, não contribuindo, neste caso, para o aumento da renda interna. Por outro lado, os produtos exportados correspondem a contribuição do setor produtivo brasileiro, gerando renda e emprego.

Assim, o PIB medido pela ótica dos rendimentos corresponde à:

PIB= Salários + Lucros e outras remunerações do capital + Tributos - subsídios

Segundo os dados mais recentes do Sistema de Contas Nacionais publicado pelo IBGE, no ano de 2013 a remuneração dos empregados representava 43,4% do PIB.

Esses dados possibilitam realizar a distinção da distribuição do valor da produção do país entre os setores de atividade econômica. No Brasil há uma expressiva participação da atividade industrial bem como do setor de serviços. A agropecuária, apesar de apresentar em termos relativos uma pequena participação no PIB do país, tem elevada importância em função de sua grande presença nas exportações brasileiras.

No Brasil as estatísticas relativas ao PIB também são elaboradas para estados e municípios. As informações para esses níveis de governo são importantes, uma vez que auxiliam a observação do grau de concentração regional das atividades econômicas. Desse modo, fornece elementos para que os governos (nos três níveis) possam adotar estratégias de desenvolvimento que levem a desconcentração da produção, bem como redução das desigualdades regionais.

Gráfico 6

Participação do PIB das Unidades da Federação em relação ao PIB do Brasil – 2013

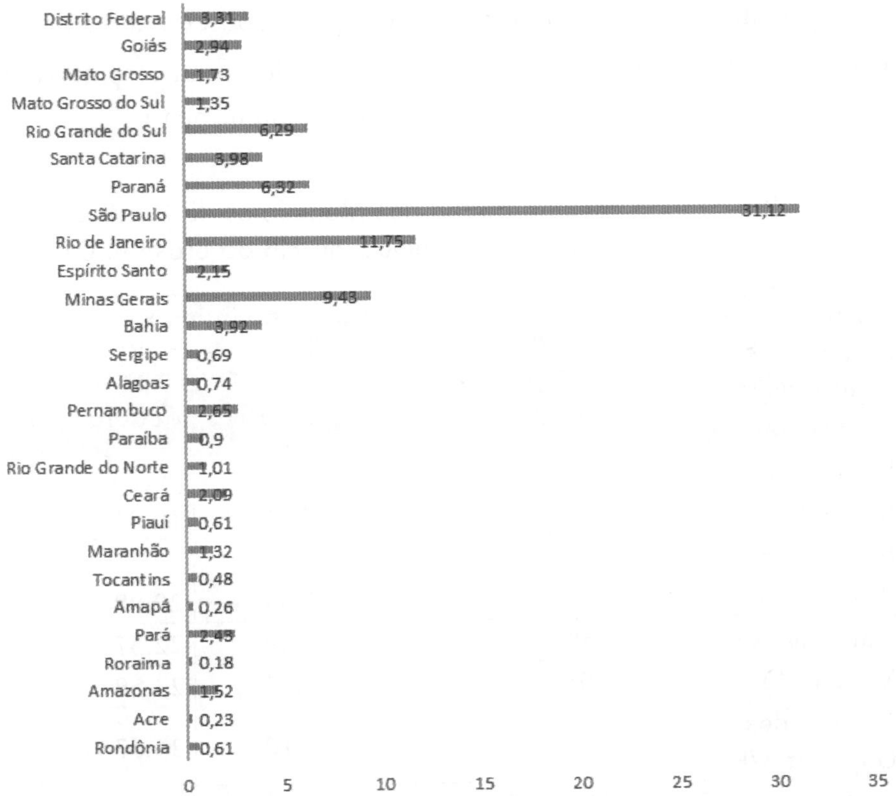

IBGE: Sistema de Contas Regionais

De acordo com as informações disponíveis no Gráfico 6, é possível perceber a elevada concentração na produção do país no estado de São Paulo. No ano de 2013, São Paulo contribuía com 31,12 % do total do PIB do País, no outro extremo Roraima apresentava a participação de 0,18%.

No caso dos municípios também ocorre uma elevada concentração. O Brasil possui aproximadamente 5550 municípios, porém observando a tabela abaixo se percebe que apenas 25 Municípios em 2004 eram responsáveis por aproximadamente 32,7% do total da riqueza do país. Além disso, havia uma elevada participação dos municípios da Região Sudeste. O Brasil possui 5.565 municípios, porém observando a tabela abaixo se percebe que apenas 17 dessas unidades eram responsáveis por aproximadamente 34% do PIB do País, no ano de 2013.

Tabela 12 Ranking do PIB dos Municípios do Brasil e participação percentual no PIB do Brasil - 2013

Municípios e respectivas Unidades da Federação	Posição ocupada pelos 100 maiores municípios	Participação percentual (%)	
		Relativa	Acumulada
São Paulo/SP	1º	10,73	10,73
Rio de Janeiro/RJ	2º	5,31	16,05
Brasília/DF	3º	3,30	19,35
Belo Horizonte/MG	4º	1,53	20,88
Curitiba/PR	5º	1,49	22,37
Manaus/AM	6º	1,20	23,58
Campos dos Goytacazes/RJ	7º	1,10	24,67
Porto Alegre/RS	8º	1,08	25,75
Osasco/SP	9º	1,04	26,80
Salvador/BA	10º	0,99	27,79
Campinas/SP	11º	0,97	28,75
Fortaleza/CE	12º	0,94	29,69
Guarulhos/SP	13º	0,93	30,62
São Bernardo do Campo/SP	14º	0,90	31,51
Recife/PE	15º	0,87	32,39
Barueri/SP	16º	0,83	33,22

Municípios e respectivas Unidades da Federação	Posição ocupada pelos 100 maiores municípios	Participação percentual (%)	
		Relativa	Acumulada
Goiânia/GO	17º	0,76	33,98
Jundiaí/SP	18º	0,69	34,67
São José dos Campos/SP	19º	0,52	35,18
Sorocaba/SP	20º	0,51	35,69

Fonte: IBGE. PIB dos Municípios

O Produto Nacional Bruto – PNB

O produto nacional bruto é também outro agregado de grande importância para a análise econômica. Seu resultado é obtido a partir do valor de mercado de toda produção realizada pela mobilização do capital nacional. Para sua obtenção deve-se acrescentar o saldo líquido das transferências de renda realizadas entre o país e o resto do mundo.

PNB = PIB + Renda recebida – Renda enviada.

Esse processo é realizado para que se possa apurar a contribuição das empresas nacionais. Assim, para o cálculo do PNB do Brasil seria necessário somar toda produção nacional e, dessa produção, descontar os valores que são remetidos ao exterior a título de pagamento de lucros, remuneração de marcas e patentes e juros. Depois se somam os valores que o país recebe referente a esses mesmos itens. Desse saldo líquido teríamos o valor do PNB. Países como Brasil possuem poucas empresas espalhadas pelo mundo e em contrapartida tem instalado em seu território muitas empresas de capital estrangeiro. Desse modo o saldo entre Renda Recebida – Renda Enviada será sempre negativo, fato a fazer com que o PNB seja menor do que o valor do PIB.

Dessas observações podemos deduzir o seguinte:

Países que importam capital PNB > PIB

Países que exportam capital PNB < PIB

É importante destacar que desde 2004, com a estabilidade da economia brasileira e o aumento de ingresso de investimentos estrangeiros, a diferença entre o PIB e PNB é atualmente muito pequena.

O que mudou na metodologia do PIB

Para elaboração do Sistema de Contas Nacionais e o cálculo do PIB, como já foi visto, é necessário considerar o valor adicionado de todas as atividades produtivas realizadas na economia. Todas as atividades são classificadas de acordo com a Classificação Nacional de Atividade Econômica (CNAE).

No entanto essa classificação não é estática. Alterações nas estruturas produtivas das empresas, criação de novas atividades e o encerramento de outras tendem a promover mudanças nessa classificação.

O comportamento da indústria pode ilustrar esse processo. Até pelo menos o início dos anos noventa, as indústrias cuidavam de todas as etapas do processo produtivo desde o projeto, fabricação e distribuição.

Alterações na legislação possibilitaram que as empresas terceirizassem etapas. Desse modo, muitas atividades que eram realizadas pela indústria foram transferidas para inúmeras prestadoras de serviços, ou seja, contabilidade, limpeza, manutenção e marketing, por exemplo, são deslocados para o segmento de serviços.

Além disso, em razão da incorporação de novas tecnologias de informática tem sido cada vez mais frequente o surgimento de novas atividades. Assim, a cada período o IBGE promove atualizações com vistas a incorporar essas novas atividades no PIB e ajustar a participação de cada setor na economia. O Gráfico 7 ilustra esse comportamento. Em 1985 a indústria correspondia a 36,1% do Valor Adicionado total do país e em 2010 a participação corresponde a 27,4%.

Gráfico 7

Participação do Valor Adicionado dos Setores no PIB do Brasil (%)

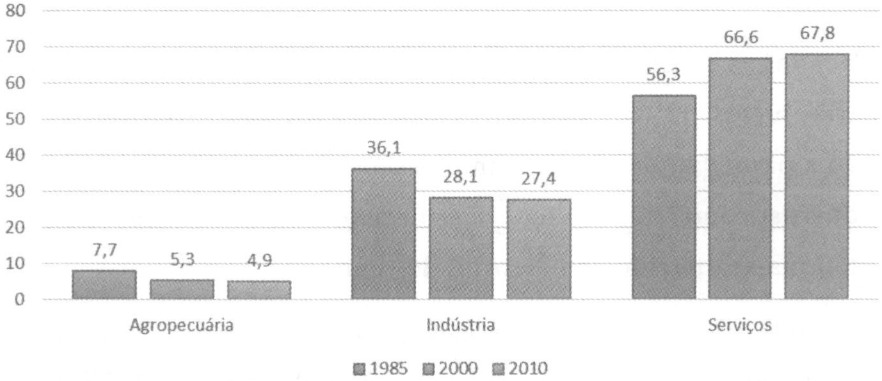

IBGE: Sistema de Contas Nacionais.

No ano de 2015 ocorreu a atualização do Sistema de Contas Nacionais do Brasil e do cálculo do PIB. Houve a incorporação da versão mais recente da CNAE[1] e também algumas alterações técnicas mais específicas. O conjunto dessas alterações está disponível no site da instituição:

- http://www.ibge.gov.br/home/estatistica/economia/contasnacionais/2013/default_SCN_2010.shtm

1. Versão resumida da CNAE consta em anexo na página 145.

Distribuição da Renda

Já foi observado que o PIB pode ser quantificado levando-se em consideração o volume da produção, o conjunto de gastos realizados na economia e as remunerações (salários, lucros, juros e impostos).

Quando aferido pela ótica da remuneração ou da renda, possibilita identificar a participação de cada um dos fatores de produção no total da economia. Por exemplo, com relação ao fator de produção trabalho, no Brasil, em 2013 os salários correspondiam a aproximadamente 34% do total da renda gerada.

Denomina-se **distribuição funcional** da renda a sua divisão entre salário, lucros, juros e tributos. Quando a divisão leva em consideração a participação de cada um dos setores de atividade econômica (indústria, comércio, serviços, agropecuária, administração pública) denomina-se **distribuição setorial da renda**.

Quando se trata de distribuição de renda no interior do país, a principal preocupação é observar de que modo ocorre a distribuição dos rendimentos do trabalho. Essa medida é um indicador do grau de desigualdade e o nível de desenvolvimento de um país.

Por exemplo, no ano de 2014 a renda per capita do país correspondia ao valor de U$ 11.384,00, ou seja, o total da renda gerada na economia dividida pelo conjunto da população. Significa dizer que se a renda gerada fosse distribuída igualitariamente a todo o conjunto da população, naquele ano, cada brasileiro teria direito a esse rendimento anual. No entanto, não é esse o cenário. Em praticamente todas as sociedades as desigualdades estão presentes, no entanto em países menos desenvolvidos elas se apresentam de modo mais agudo.

Além disso, existem fatores históricos que determinam esse quadro de desigualdade. Itens como qualificação da mão de obra, nível de escolaridade, gênero, etnia, fazem com que os trabalhadores tenham diferentes padrões de rendimentos. A Tabela 13 indica o grau de concentração de renda no Brasil.

Tabela 13 Distribuição do rendimento nominal mensal das pessoas de 10 anos ou mais de idade, com rendimento Brasil, 2010

Classes simples de percentual em ordem crescente de rendimento	Anos	
	2000	2010
Até 10 %	1,07	1,14
Mais de 10 a 20 %	2,28	3,47
Mais de 20 a 30 %	2,37	4,24
Mais de 30 a 40 %	2,92	4,24
Mais de 40 a 50 %	4,06	4,62
Mais de 50 a 60 %	5,00	5,97
Mais de 60 a 70 %	6,72	7,61
Mais de 70 a 80 %	9,28	9,55
Mais de 80 a 90 %	15,01	14,73
Mais de 90 a 100 %	51,29	44,41
Mais de 95 a 100 %	38,15	32,34
Mais de 99 a 100 %	17,21	13,68

Fonte: IBGE Censo Demográfico

De acordo com esses dados podemos observar que os 10% da população mais pobre do país ficava com 1,14% de todo rendimento disponível na economia. A Tabela 13 indica que as mudanças para esse contingente populacional foram muito tímidas, pois em 2000 ficavam com 1,07% dos rendimentos. Na outra extremidade, a parcela mais rica, correspondente a 1% da população brasileira, ficava com 13,68% dos rendimentos.

Também chama a atenção o fato de o conjunto da população 10% mais rica ficar com 44,41% de todos os rendimentos. Nesse caso, a redução na concentração de renda foi mais perceptível, pois em 2000 ficavam com 51,29% dos rendimentos.

Ou seja, os números disponíveis indicam que entre esse período houve uma tendência de redução na concentração de renda no Brasil, no entanto, de modo muito lento.

O grau de concentração de renda em uma economia pode ser demonstrado também por meio do Índice GINI. Esse indicador apresenta uma variação no intervalo de zero a um. Quanto mais próximo do zero menor a concentração de renda no país, ao aproximar-se da unidade ocorre o processo inverso.

O Brasil é um dos países que apresentam os piores quadros de concentração de renda. De acordo com os dados disponíveis no Banco Mundial, no ano de 2011 apenas quatro nações no mundo possuíam nível de concentração de renda mais elevado do que o Brasil.

Importante observar que o índice GINI do Brasil em 1960 era de 0,499, atualmente está em torno de 0,528. Essa informação representa que, apesar do crescimento e diversificação da economia brasileira, esse fenômeno não redundou em melhoria na distribuição de renda.

Observando as informações relativas aos rendimentos das famílias, percebe-se o acentuado quadro de desigualdade entre as regiões do país. No Distrito Federal o valor do rendimento mensal das famílias correspondia a quase R$ 6.000,00. Nas Unidades da Federação com os menores rendimentos, como Alagoas e Piauí, esses valores correspondiam em 2014 a R$1.687,00 e 1.790,00, respectivamente.

Tabela 14 Ranking das nações com índice de Gini mais elevado - 2011

Posição	Países	Índice Gini
1º	África do Sul	0,64
2º	Honduras	0,57
3º	Colômbia	0,54
4º	Brasil	0,53
5º	Paraguai	0,52
6º	Guatemala	0,52
7º	Panamá	0,51
8º	Chile	0,50
9º	Costa Rica	0,48
10º	República Dominicana	0,47

Fonte: Programa das Nações Unidas para o desenvolvimento (Pnud)

Além de questões relativas à justiça social e desenvolvimento da sociedade, o perfil da distribuição de renda também pode direcionar decisões empresariais em relação a investimentos.

O nível de renda é fundamental para o aumento da demanda na atividade econômica. Sabe-se que, no caso brasileiro, o fato da renda ser tão concentrada é um dos fatores que não permitem um maior crescimento da economia, visto que exclui grande parcela da população do consumo de bens e serviços. O potencial de crescimento de vários segmentos de atividade econômica está diretamente associado à possibilidade de melhoria nesse quadro.

Gráfico 8
Valor do Rendimento Mensal das Famílias em 2014

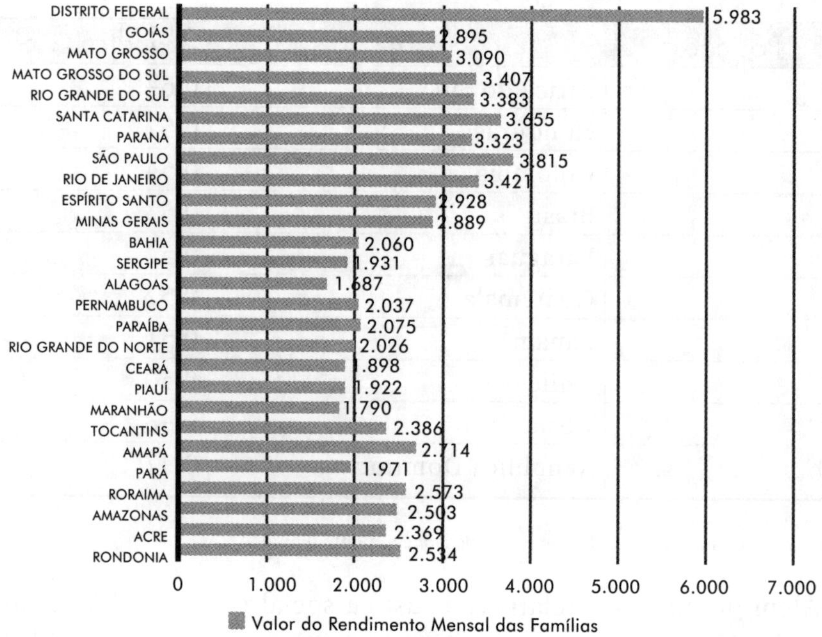

IBGE: Pesquisa Nacional por Amostra de Domicílios – 2014.

Política fiscal

A política fiscal é um importante instrumento de intervenção na economia a disposição do Governo. É com a utilização das políticas econômicas que ocorrem intervenção na economia no sentido de:

- Controle da inflação;
- Manutenção do nível de emprego e combate ao desemprego;
- Estimular o crescimento da economia e dos investimentos;
- Garantir a oferta de bens públicos na economia.

Com a política fiscal o governo estabelece as formas como ocorrerão os recolhimentos dos tributos e o padrão de gastos públicos na economia.

Quando a arrecadação é superior aos gastos, tende a ocorrer um superávit fiscal. Na situação inversa, em que os gastos superam a arrecadação, diz-se que ocorreu um déficit fiscal.

ARRECADAÇÃO > GASTO = Superávit

ARRECADAÇÃO < GASTO = Déficit

- **Superávit ou déficit operacional** – Representa a soma de todos os recursos arrecadados e todos os gastos realizados pelo governo, inclusive de natureza financeira, ou seja, os juros da dívida externa.
- **Superávit ou déficit primário** – quando na diferença entre arrecadação e gastos do governo não são considerados os recursos utilizados para o pagamento da dívida externa. É por meio da utilização do conceito primário que ocorre a aferição do déficit ou superávit do governo brasileiro.

Foi a partir do processo de renegociação da dívida externa brasileira, ao longo dos anos 1990, que esse conceito passou a ser utilizado. O então Governo de Fernando Henrique Cardoso assumiu compromisso junto ao Fundo Monetário Internacional de realizar um esforço na geração de superávit fiscal de 3,75% do PIB para que fosse possível, desse modo, dispor de recursos para realizar o pagamento de sua dívida externa.

Arrecadação

A arrecadação no Brasil é realizada em três níveis, sendo que cada esfera de governo é responsável por um grupo de tributos. Os principais tributos são recolhidos de acordo com o quadro abaixo:

Quadro 2 Competência de arrecadação dos impostos Brasil

UNIÃO
Imposto sobre a exportação – IE
Imposto sobre a importação – II
Impostos sobre o patrimônio e a renda – IR
Imposto territorial rural – ITR
Imposto sobre produtos industrializados – IPI
Imposto sobre operações de crédito, câmbio e seguro – IOF
ESTADOS
Imposto de transmissão *causa mortis* e doações – ITCD
Imposto sobre a propriedade de veículos automotores – IPVA
Impostos sobre a produção e circulação de mercadorias e serviços de transporte e comunicação – ICMS
MUNICÍPIO
Imposto sobre serviços de qualquer natureza – ISS Municípios
Imposto predial e territorial urbano – IPTU Municípios
Imposto de transmissão *inter vivos* – ITBI Municípios

Fonte: Constituição Federal do Brasil, 1988

Em uma economia mista, a participação do Estado na economia, principalmente no sentido do provimento dos chamados bens públicos, faz com que ocorra a necessidade do estabelecimento de um determinado nível de arrecadação fiscal.

Também ocorrem atividades na economia com baixo retorno de lucro sobre o capital investido, e ainda existem aquelas nas quais o prazo de retorno do capital é muito longo. Quando esse fenômeno ocorre tem-se duas possibilidades: ou a atividade simplesmente deixa de ser desenvolvida na economia ou, se a mesma for essencial para a economia, acontece de o Estado desenvolver essa atividade. Por exemplo, saneamento básico, saúde, educação, produção de alimentos são atividades essenciais para o desenvolvimento de uma economia. Se por algum motivo as empresas não demostram interesse em desenvolver essa atividade, o governo pode agir como produtor ou então estabelecer incentivos para que o setor privado ingresse nesse segmento. Esse incentivo se dá por meio da tributação. Por exemplo, se determinado setor de atividade apresentar-se pouco atrativo, o Estado vai oferecer redução ou isenção de impostos para que um determinado setor possa desenvolver suas atividades.

Os tributos podem ser divididos entre impostos e taxas

Os impostos têm a função redistributiva na economia. Com os impostos o Estado arrecada contribuição dos setores que geram uma renda e distribui para a parcela menos favorecida no sentido da garantia de serviços também para a manutenção das atividades nas quais é responsável. As taxas representam a contrapartida de um determinado serviço.

Os impostos são divididos em diretos e indiretos.

Impostos Diretos

Incidem diretamente sobre o fato gerador. No Brasil, o principal imposto direto incide sobre a renda (Imposto de Renda) e no caso dos trabalhadores, incide diretamente sobre os salários.

Nesse tipo de imposto existe o princípio de capacidade de pagamento, pois na medida em que se eleva a renda da pessoa existe uma mudança na faixa de cobrança.

Impostos Indiretos

São os impostos cobrados durante a circulação das mercadorias. Desse modo todos pagam a mesma alíquota. Os exemplos mais comuns de impostos indiretos são o ICMS (imposto sobre circulação de mercadorias e serviços) e o IPI (imposto sobre produtos industrializados). Os impostos indiretos ainda podem ser classificados como:

- **Imposto específico** - quando ocorre o estabelecimento de um valor fixo sobre cada unidade vendida, independentemente do valor da mercadoria.
- **Imposto *ad valorem*** - quando é estabelecido um percentual, uma alíquota sobre o valor de venda do produto. No Brasil a quase totalidade dos impostos possuem essa característica.

Os impostos são cobrados com vistas à possibilidade de redistribuição da riqueza, desse modo, nem sempre os recursos recolhidos em uma região são aplicados nesse mesmo local. Devido ao princípio federativo do Estado brasileiro é possível que se tenha uma arrecadação maior de tributos em São Paulo e um gasto mais elevado, por exemplo, em outro Estado brasileiro se neste local o Governo tiver objetivos de reduzir alguma desigualdade ou ainda tentar desenvolver outras regiões.

- **Taxas e contribuições** - As taxas e contribuições referem-se a uma contrapartida a um determinado serviço oferecido. Assim cada taxa estabelecida na economia tem sempre o objetivo de ser direcionada para a finalidade para qual foi constituída.

A soma dos tributos cobrados nas três esferas de poder corresponde ao total da carga tributária que normalmente é apresentada em proporção ao PIB do país. Desse modo:

$$\textbf{Carga Tributária (\%)} = \frac{\text{SOMA DOS TRIBUTOS (União, Estados e Municípios)}}{\text{PIB}}$$

No gráfico abaixo é possível observar a evolução desse indicador no intervalo entre 2005 e 2014.

Gráfico 9

Carga Tributária 2005/2014 (%)

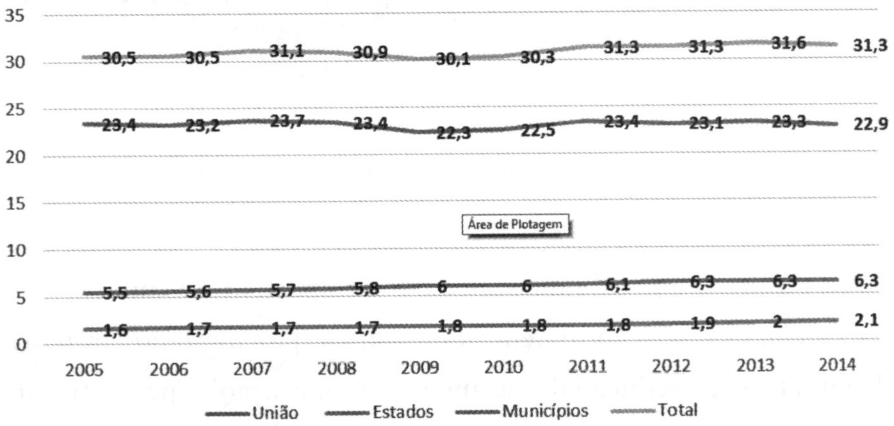

Fonte: Secretaria da Receita Federal

Além dos impostos, taxas e contribuições de competência de cada esfera de poder, a partir de 1988 foi estabelecido também um conjunto de contribuições constitucionais. Esse fato ocorreu principalmente em decorrência do processo de descentralização, com aumento de responsabilidades dos gastos e arrecadação por parte dos Estados e Municípios. Os municípios, por exemplo, foram obrigados a atuar no atendimento básico a saúde, a partir da implementação do SUS – Sistema Único de Saúde – , além da vinculação com despesas no ensino fundamental.

Quadro 3 Transferências constitucionais no Brasil

Da União para os Estados
21% da arrecadação do IR e do IPI para o fundo de participação dos exportadores – FPE; 10% da arrecadação do IPI para o Fundo de Ressarcimento dos Estados Exportadores – FPEX; 66,66% da contribuição do salário educação; 30% do IOF ouro; 100 do IR retido na fonte pelo Tesouro local; 20% de outros tributos que sejam criados pela União.
Da União para os Municípios
22,5% da arrecadação do IPI e do IR para o Fundo de Participação dos Municípios – FPM; 50% da arrecadação do ITR; 100% do IR retido na fonte pelo Tesouro local; 70% do IOF ouro.
Dos Estados para os Municípios
22,5% dos recursos de FPEX recebidos pelos Estados da União (equivalentes a 2,5% do IPI); 25% da arrecadação do ICMS e 50% do IPVA.

Fonte: Mariano, 2012

Nos últimos anos algumas mudanças importantes vêm ocorrendo na sistemática de recolhimento de tributos, por um lado em função de tentativas de redução de vazamentos (sonegação) e por outro, fruto da introdução de novas tecnologias.

Gastos do Governo

No que se refere aos gastos, existem áreas que são de responsabilidade da União, Estados e municípios. Normalmente a União estabelece as diretrizes gerais das políticas públicas e os Estados e municípios vão operacionalizar essas políticas.

Quando se busca o modelo ideal de tributação, percebe-se que os tributos diretos apresentam maior possibilidade de eficácia e também a possibilidade da cobrança em função da capacidade de pagamento.

De acordo com esse princípio, na medida em que aumenta o nível de renda, teríamos maiores alíquotas. A tributação indireta seria a mais injusta na medida em que incide de forma igual sobre os desiguais. Por exemplo, quando se estabelece uma alíquota de 15% de ICMS sobre os alimentos comercializados, o indivíduo que ganha R$ 5.000,00 vai pagar a mesma alíquota daquele que ganha R$ 200,00.

No entanto, na medida em que a renda se eleva, reduz-se à participação do consumo na renda. Uma pessoa que ganha R$ 200,00 gasta esse total em consumo. Porém se passar a ganhar R$ 1.000,00 com certeza vai gastar uma parcela dessa renda em consumo e outra parcela irá poupar. Assim, o indivíduo que ganha 5.000,00 gasta uma parcela de sua renda em consumo e outra parcela ele poupa. Desse modo ele paga proporcionalmente menos imposto em consumo do que o indivíduo que aufere renda inferior.

No Brasil, a tributação indireta representa mais de 60% do total dos impostos arrecadados, no entanto, até mesmo a parcela de tributação direta acaba sendo perversa na medida em que a distância entre as alíquotas não é muito grande e a última faixa é muito pequena quando comparada às demais economias de mercado.

Além disso, também se sabe que no Brasil os estratos mais elevados da população brasileira, exatamente aqueles que teriam maiores possibilidades de contribuir com o sistema tributário, possuem grande facilidade de burlar o fisco, com intuito de pagar uma quantia reduzida de impostos. Assim, somente os trabalhadores assalariados, que tem o imposto de renda descontado diretamente de seu contracheque não tem como burlar o sistema de arrecadação fiscal.

É muito comum associar uma situação de desequilíbrio fiscal automaticamente a uma crise econômica. John Maynard Keynes, um dos mais importantes economistas da história, ao explicar a grande crise ocorrida na economia mundial na década de 1930, demonstrou que os mercados não necessariamente tendem a uma situação de equilíbrio.

Ou seja, diferente do que defendia a escola neoclássica, de que a economia nunca entraria em crise se as empresas produzissem sem interferência do governo, *Keynes* apontava que a crise de 1929 ilustra que o comportamento isolado de um empresário pode ser racional, no entanto, péssimo para o conjunto da economia.

Se a economia entra em uma situação de crise, a tendência do empresário isolado é de reduzir o ritmo de investimentos. No entanto, se todos os empresários tomam essa decisão o quadro de retração econômica fica ainda mais crítico. Ou seja, o lucro futuro do empresário é resultado do investimento presente. Desse modo, se nenhum empresário toma essa decisão, o Estado deve realizar intervenções na economia, no sentido de alterar as expectativas. Esses gastos têm dois sentidos. Primeiro, na medida em que ocorrem, há uma reversão nas expectativas do setor privado. Além disso, no caso brasileiro, por exemplo, o governo é o principal cliente de uma série de empresas nos vários setores de atividade econômica.

Existem setores nos quais os gastos públicos correspondem principalmente a salários, como por exemplo, educação e saúde. Esses gastos permitem que ocorra a manutenção no padrão de consumo da economia. No âmbito local, por exemplo, existem municípios em que a participação da administração pública corresponde ao maior setor de atividade econômica. Desse modo, qualquer redução no padrão de gasto representa retração na atividade econômica local.

No entanto, não significa que não deva ocorrer o controle do gasto. Os orçamentos devem apresentar equilíbrios. Ocorre que quando esses gastos se realizam, há um aumento da atividade econômica e em contrapartida elevação na arrecadação tributária possibilitando, desse modo, a redução do déficit inicialmente realizado.

Assim, a participação dos investimentos do governo pode contribuir para elevação do produto na economia. A decisão do governo de aumentar ou reduzir impostos associa-se, desse modo, ao objetivo que se procura alcançar no âmbito do conjunto das políticas macroeconômicas.

Se o governo identifica que a economia está em recessão, ele pode tomar a decisão de reduzir os impostos tendo como objetivo fazer com que os empresários tenham mais recursos para que realizem investimentos, de modo a promover o crescimento da produção e da oferta de empregos. Esse mecanismo foi adotado, por exemplo, nos EUA durante o Governo Reagan, início dos anos 1980.

Tabela 15 Estrutura das Despesas do governo nos três níveis (% do total) - 2013

Despesa	União	Estados	Municípios
Remuneração de empregados	13,6	37,4	48,8
Uso de bens e serviços	3,7	14,5	32,3
Consumo de capital fixo	1,5	3,9	5,4
Juros	24,1	8,2	2,6
Subsídios	1,1	0,1	0,1
Transferências/Doações	17,9	17,3	0,1
Benefícios sociais	36,6	15,0	5,8

Fonte: IBGE: Finanças Públicas, 2013

Se, por outro lado, o governo tem necessidade de realizar gastos adicionais em educação, saúde, infraestrutura e os recursos disponíveis são insuficientes, ele pode tomar a decisão ou de aumentar as alíquotas dos impostos já existentes ou criar novos impostos ou contribuições. No Brasil temos como exemplo a CPMF — contribuição provisória sobre movimentação financeira. No entanto, a elevação dos tributos pode levar a retração da economia, inviabilizando algumas atividades. Na Tabela 15 é possível observar a estrutura das despesas no Brasil.

O debate no Brasil em torno das reformas

Para boa parte dos defensores da necessidade da realização de uma profunda reforma no sistema previdenciário brasileiro, a principal causa de seu problema está localizada na Constituição de 1988.

De acordo com esse argumento, a Constituição colocou ao Estado um conjunto de obrigações incompatíveis com a realidade da economia brasileira. Por outro lado, aqueles que defenderam a introdução dessas inovações na Constituição advogavam a necessidade do estabelecimento da cidadania e, principalmente, da redução das desigualdades sociais, criadas ao longo dos anos de ditadura militar no país (1964-1985).

A partir de 1988, ocorreu o estabelecimento do conceito de seguridade social, no qual a previdência, saúde e assistência social passaram a ser direitos daqueles que haviam contribuído para o sistema previdenciário.

Para contemplar esse aumento das despesas, além dos recursos orçamentários foi promovida a criação de contribuições sociais (CSLL

– Contribuição Social sobre o Lucro Líquido. Com sua introdução, ocorreu a universalização do atendimento à saúde, que anteriormente estava vinculado à existência de contrato formal de emprego. No campo estabeleceram-se aposentadorias para trabalhadores rurais e o COFINS – Contribuição para o Financiamento da Seguridade Social). Desse modo, de um lado há o estabelecimento dos gastos e por outro há indicação da origem dos recursos para o financiamento do sistema de seguridade social no país. Qual seria então o motivo para a realização da reforma no sistema previdenciário no Brasil?

O argumento dos que apontam a necessidade de reforma da previdência sugerem entre outras coisas:

- A ocorrência de queda na arrecadação do sistema previdenciário em função do aumento do desemprego;
- Aumento sistemático da expectativa de vida da população e redução da mortalidade;
- Grande utilização do sistema por parte de não contribuintes.

Todos esses argumentos possuem um fundo de verdade na medida em que todos esses fatores estão presentes na economia. No entanto as causas da crise da previdência são mais profundas. A partir de 1994, com a introdução do Plano Real, ocorre a desvinculação dos recursos que eram destinados ao financiamento das despesas sociais. Desse modo, boa parcela do déficit da previdência está associada a não destinação dos recursos por parte do Governo federal.

> *"O déficit divulgado por diferentes governos só existe se compararmos o total das contribuições de empregados e empregadores com o total dos benefícios pagos pelo Regime Geral da Previdência, não respeitando, portanto, o conjunto de receitas fiscais relativas ao orçamento da seguridade social"* (Passarinho, 2007, p. 40).

De acordo com o autor, a previdência social apresentaria um superávit se o sistema recebesse todos os recursos estabelecidos pela legislação, pois, além das contribuições dos trabalhadores e empresários, o sistema tem direito a recursos oriundos das contribuições sociais (CONFINS, CPMF, CSLL, PIS/PASEP), além de recursos oriundos de loterias.

As primeiras tentativas de reformas aconteceram ao longo do governo de Fernando Henrique Cardoso (1994/2001), no entanto, devido à forte oposição, o seu alcance foi muito limitado. Em 1998 ocorreu a primeira reforma da previdência, sendo que o principal item foi a alteração do tempo de trabalho para o tempo de contribuição a ser considerado para o cálculo da aposentadoria.

Em síntese, as alterações introduzidas pela PEC - Proposta de Emenda Constitucional foram as seguintes:

Quadro 4 Condições para aposentadoria a partir de 1998

Antes da Reforma	Depois da Reforma
Aposentadoria com 35 anos de serviço para homens e 30 anos para mulheres, com proventos integrais. Se a aposentadoria ocorrer cinco anos antes, os rendimentos serão proporcionais.	Aposentadoria de 35 anos de contribuição para homens e 30 anos para mulheres.
Existência de aposentadorias especiais para algumas categorias profissionais (professoras e trabalhadores em atividades insalubres)	Fim das aposentadorias especiais, permanecendo apenas para professores do ensino fundamental, no entanto, com o estabelecimento de idade mínima de 60 anos para homens e 55 para mulheres.
Sem limite de idade	Limite mínimo de 60 anos para homens e 55 para mulheres.

Fonte: Ministério da Previdência e Assistência Social

Além disso, foi criado o chamado fator previdenciário. Segundo esse indicador na medida em que o trabalhador se aposenta mais jovem ocorre queda no valor de sua aposentadoria.

Tabela 16 Mudanças introduzidas pela PEC 41

Homem com 35 anos de contribuição		Mulher com 30 anos de contribuição	
Idade de aposentadoria	Fator previdenciário	Idade de aposentadoria	Fator previdenciário
55	0,69	50	0,5
60	0,85	60	0,84

Fonte: Ministério da Previdência e Assistência Social

De acordo com o exemplo da tabela acima, se um homem se aposentar no ano de 2016 aos 55 anos de idade, com o tempo de contribuição de 35 anos, deverá ter que multiplicar o valor a receber de aposentadoria por 0,69. Ou seja, receberá 69% do valor que poderia ter direito. Na mesma tabela pode-se observar o exemplo de uma mulher que tenha contribuído com 30 anos, se optar por aposentar aos 50 anos de idade terá um desconto de 50% no valor da aposentadoria.

Esse é apenas um exemplo bem simplificado. A tabela é bastante ampla e existem várias combinações possíveis entre o tempo de contribuição e idade. Quanto maior esse tempo, mais elevado o valor da aposentadoria. Vale lembrar que o valor da aposentadoria está diretamente relacionado ao valor da contribuição do trabalhador. O limite ou o teto da previdência em 2016 correspondia a R$ 5.182,00. Ou seja, mesmo que o trabalhador tivesse salário mais elevado sua contribuição para previdência deveria ser descontada tendo como base esse valor. Em contrapartida esse é também o limite para o pagamento da aposentadoria.

É importante destacar que essa tabela é atualizada anualmente. Na medida em que avança a expectativa média de vida do brasileiro aumenta a exigência dessa combinação entre idade e tempo de contribuição.

Essa reforma, ocorrida em 1998 teve impacto direto sobre os trabalhadores do setor privado, vinculados ao Regime Geral de Previdência Social. Os trabalhadores do setor público, contratados sob o Regime Jurídico único possuem outro sistema de previdência.

No início do governo Lula ocorreu o debate da necessidade da realização de reforma também no sistema de previdência pública.

Apesar de manifestações contrárias por parte dos trabalhadores, e da afirmação do governo de que o impacto nas finanças públicas seria insignificante no curto prazo, em 2003 a Proposta de Emenda Constitucional nº41 foi aprovada. Em síntese, as principais alterações contempladas por essa emenda foram as seguintes:

Quadro 5 Condições para aposentadoria a partir de 1998

Antes da Reforma	Depois da Reforma
Servidores que ingressam antes da reforma de 1998 podiam aposentar com 53 anos de idade e 35 anos de contribuição.	Mantém essa possibilidade, no entanto com um redutor no valor da aposentadoria de 5% por ano em relação idade de referência (60 anos)
Não havia regulamentação de teto para o valor das aposentadorias, apesar da constituição estabelecer como teto a maior remuneração do Supremo Tribunal Federal.	Estabelece como teto de aposentadoria a maior remuneração do Supremo

Antes da Reforma	Depois da Reforma
Valor dos benefícios é relativo ao último salário recebido na ativa (aposentadoria integral)	Mantém como direito adquirido, no entanto para os novos servidores limita essa possibilidade pois o servidor precisará ter 20 anos de serviço público e 10 anos na carreira e 05 no cargo.
Não ocorria a cobrança de contribuição previdenciária de aposentados	A união passa a cobrar uma contribuição de 11% da parcela que exceder o valor de 1.440,00
Pensionistas recebiam o valor integral da contribuição, com base na remuneração do servidor da ativa.	Os benefícios com valor até 2.400,00 são pagos integralmente. Sobre o valor que exceder ocorrerá desconto de 30%.

Fonte: PEC 41 – Proposta de Emenda Constitucional n°41

Por fim a legislação estabeleceu que os trabalhadores que ingressaram a partir de 2004 não mais receberão o valor integral de seus rendimentos na aposentadoria. O valor será calculado levando-se em consideração a média de 80% das maiores contribuições. E finalmente, os trabalhadores que ingressarem no setor público a partir de 2013 deverão receber na aposentadoria até o limite do teto da previdência social. Para receberem valores mais elevados será necessária a adesão aos fundos criados a partir dessa legislação.

Apesar das mudanças ocorridas, ainda permanece o debate em torno da necessidade do aprofundamento e da realização de novas reformas com base ainda nos mesmos argumentos de que o sistema está praticamente falido e o envelhecimento da população seria uma das causas à agravar sua situação.

Como observado em parágrafos anteriores, pelo menos nos dois últimos governos não se observam movimentos no sentido de contemplar o sistema com as dotações de recursos que foram criados originalmente para essa finalidade. Essa etapa deveria anteceder qualquer tentativa de aprofundar as reformas já implementadas.

Moeda

Na atividade econômica as pessoas produzem bens e serviços com objetivos de trocá-los por outros de seu interesse. Para que isso possa ocorrer é necessária a existência de um equivalente geral de modo que possa ser trocado por qualquer bem ou serviço. Esse equivalente geral é a moeda.

A busca de uma mercadoria que tivesse a possibilidade de exercer o papel de equivalente geral na economia surgiu desde o momento em que as sociedades começaram a intensificar os processos de trocas. Várias mercadorias exerceram o papel de equivalente geral ou meio de troca. Os metais preciosos, devido a sua escassez e características intrínsecas, adquiriram o status de moeda e o ouro tornou-se a principal delas. Algumas economias inclusive funcionaram com sistemas bimetálicos, como por exemplo, a França.

Porém, a crescente circulação de ouro traz como problema a falsificação e adulteração das moedas. É nesse momento que surgem profissionais especializados em emitir certificados atestando a pureza desses metais. O ouro ficava "guardado" em poder desses profissionais e as pessoas passavam a estabelecer trocas com aqueles certificados, uma vez que havia a garantia da existência daquele montante em ouro, e a qualquer momento o portador daquele certificado poderia resgatar o montante correspondente em ouro.

Os profissionais que emitiam os certificados começaram a perceber que as pessoas não resgatavam o ouro e passavam, de forma cada vez mais intensa, a realizar transações com esses certificados. Desse modo, o ourives passou a emitir novos certificados por meio de empréstimos acreditando que o ouro em seu poder não seria resgatado em sua totalidade. Essa atividade pode ser considerada o embrião do sistema bancário. Com o processo de consolidação dos Estados nacionais os governos passaram a assumir o controle dessa atividade.

A partir da exclusividade da emissão de moeda, muitos países constituíram seus Bancos Centrais e passaram a estabelecer algumas regras para que os bancos comerciais pudessem operar, restringindo possibilidades de emissão de títulos e empréstimos. Por exemplo, uma parcela dos depósitos que os bancos comerciais passaram a receber deveriam ficar depositadas no Banco central a título de compulsório. Com isso os governos tentavam oferecer uma relativa garantia para a atividade.

Paralelamente com a consolidação dos Estados nacionais há o surgimento do papel moeda. O Estado emitia notas que tinham correspondência na quantidade de ouro existente no País (lastro), período denominado como Padrão Ouro. No entanto, após a Primeira Grande Guerra os países foram paulatinamente abandonando esse sistema e passaram a emitir papel moeda sem a devida correspondência com a quantidade de ouro. Ou seja, a emissão passou a depender dos objetivos de política econômica estabelecidos pelo Governo.

Oferta de Moeda

A quantidade de moeda que é disponibilizada na economia tem relação direta com as necessidades dos indivíduos, empresas e governo realizarem transações. Essa oferta de moeda na economia também é chamada de meios de pagamento. No Brasil, os meios de pagamentos são classificados em função de sua liquidez, ou seja, na possibilidade de rapidamente ser convertido em moeda:

Classificação dos meios de pagamento no Brasil

- M1 - Papel moeda em poder do público e depósitos à vista;
- M2 - (M1 + depósitos de poupança e títulos privados);
- M3 - (M2 + Operações com títulos federais);
- M4 - (M3 + títulos federais, estaduais e municipais).

É denominada *base monetária* a soma de moedas em poder do público e os depósitos a vista nos bancos comerciais. Os bancos comerciais realizam a intermediação das operações com moeda. Por exemplo, uma pessoa vai até o banco e realiza um depósito à vista de R$ 100,00. Em seguida um segundo cliente vai ao mesmo banco com o desejo de obter um empréstimo. O banco comercial concede o empréstimo, porém cobra uma taxa de juros, que seria o lucro da atividade bancária. No entanto, o banco comercial sabe que não pode emprestar a totalidade dos R$ 100,00, pois se isso acontecer e o correntista meia hora depois de realizado o depósito for resgatar o valor, não encontrará nada no banco. O banco comercial deve inicialmente deixar uma parte junto ao Banco Central a título de compulsório.

Além disso, os bancos comerciais sabem que do total dos depósitos realizados na economia apenas uma pequena parcela deve ficar junto ao banco para realizar os pagamentos referentes aos saques realizados. Desse modo o banco comercial tende a emprestar uma parcela significativa dos depósitos recebidos.

A demanda por moeda

As pessoas necessitam de moeda por vários motivos:

- **Para transações** – Quantidade de moeda necessária para realização de compras e pagamentos cotidianos.
- **Por precaução** – Quantidade de moeda necessária para fazer algum tipo de pagamento não previsto ou gasto inesperado.
- **Por especulação** – Situação na qual se decide ficar com moeda tendo objetivo de aproveitar um grande negócio ou aplicação. Apesar da moeda não apresentar rendimentos, às vezes os investidores decidem ficar com uma parcela de suas aplicações em moeda, de modo a aproveitar boas oportunidades de investimentos.

A quantidade de moeda que circulará na economia dependerá de vários fatores. Se a renda da população for elevada ou a atividade econômica se encontrar em expansão, haverá demanda significativa de moeda para realização de transações e para precaução. A demanda por especulação dependerá da taxa de juros na economia. Quanto mais elevada for essa taxa, menor será a demanda por moeda por especulação, pois as pessoas optarão por aplicações remuneradas.

Outro fator determinante da quantidade de moeda na economia é o nível de inflação. Em situações de elevados índices de inflação, a tendência é que as pessoas fujam da moeda devido a sua rápida desvalorização. Em momentos de estabilidade econômica, aumenta a utilização de moeda, pois o custo de carregar a moeda é reduzido.

Política monetária

Referem-se às decisões do governo com relação ao volume de meios de pagamentos em circulação. Vários setores da economia demandam moeda e o governo exerce o controle sobre sua emissão. Se o governo emitir uma quantidade de moeda em um volume muito superior ao aumento no nível de atividade econômica, podemos ter uma situação inflacionária.

A moeda exerce várias funções na economia e quando há aumento da produção física existe a necessidade de um aumento de sua circulação. No Brasil, o Banco Central é responsável pela quantidade de moeda existente na economia e o governo realiza esse controle por meio dos instrumentos de política monetária. Esse controle se realiza com a utilização das seguintes ferramentas:

- **Depósito compulsório** – De acordo com esse mecanismo, os bancos comerciais devem depositar um percentual dos seus depósitos à vista junto ao Banco Central. Quando o governo deseja uma redução na quantidade de moeda na economia, promove uma elevação no percentual desse compulsório. Se não existisse o mecanismo do compulsório todo dinheiro que as pessoas depositassem nos Bancos Comerciais seriam automaticamente emprestados a outros clientes, com riscos ao sistema.
- **Política de redesconto** – Quando os bancos comerciais enfrentam dificuldades existe a possibilidade de obterem empréstimos junto ao Banco Central. Desse modo cabe ao Banco Central o papel de "emprestador" de última instância do sistema. Quando não há interesse por parte do governo no

aumento da circulação de moeda, ocorre um aumento na taxa de juros desse tipo de empréstimo.

- **Operação de mercado aberto** - Consiste em operações realizadas com títulos da dívida pública. Por meio desse mecanismo, quando o governo deseja que ocorra uma redução de moeda circulando na economia, ele vende títulos da dívida pública ao setor privado. Quando há interesse em aumentar a quantidade de moeda na economia, o governo resgata os títulos de dívida pública. Decisões de aumentar ou reduzir a quantidade de moeda na economia estão vinculadas aos objetivos da política econômica.
- **Redução na quantidade de moeda ou do crédito** - Se o governo acredita que a inflação está elevada pode tomar a decisão de reduzir a circulação da moeda. Nesse caso, uma ferramenta importante é a taxa de juros, pois o investidor só toma a decisão de comprar títulos da dívida pública se a remuneração for superior as taxas de inflação. Além da venda de títulos o governo pode tomar as demais medidas como aumentar o compulsório e a taxa de redesconto. Além disso, o governo pode limitar o crédito na economia, não permitindo compra de bens duráveis (automóveis) em longas prestações.
- **Aumento na quantidade de moeda ou do crédito** - Se o governo verifica que a economia não está crescendo no ritmo esperado, pode tomar a decisão de injetar moeda na economia com objetivo de reverter esse processo. Assim as medidas seriam no sentido inverso:
  - Compra de títulos da dívida pública;
  - Redução nas taxas de juros;

- Redução do compulsório e taxa de redesconto
- Incentivo ao crédito.

Taxas de juros

As taxas de juros na economia correspondem ao prêmio que se recebe pela renúncia da liquidez. Em termos práticos, diz respeito ao valor que uma pessoa paga quando decide tomar um determinado recurso emprestado. Quem empresta está renunciando a possibilidade de dispor daqueles recursos no momento, no entanto após o período estabelecido receberá uma remuneração extra sobre o montante emprestado.

Porém, para que tal operação seja vantajosa para quem está emprestando, é necessário que a remuneração seja superior ao índice de inflação. Se isso não ocorrer, em termos nominais o montante recebido pode ser maior, no entanto o poder de compra desses recursos pode bem inferior.

Por exemplo: uma pessoa empresta a um amigo um valor de R$ 100,00. Esse amigo promete realizar o pagamento no mês seguinte, pagando uma taxa de juros de 10%. No entanto, a inflação do período foi de 15%. A pessoa que emprestou R$ 100,00 receberá R$ 110,00. Porém, em termos de poder de compra esse valor é inferior ao montante que emprestou devido ao processo inflacionário. Para adquirir os produtos que comprava com R$ 100,00 agora são necessários R$ 115,00 em razão da inflação de 15%.

É devido a esse fenômeno que é necessária uma distinção entre taxa de juros nominal e taxa de juros real.

- **Taxa de juros nominal** – corresponde à taxa de juros que é paga ou cobrada independentemente do nível de inflação.

- **Taxa de juros real** – É a taxa de juros que é paga ou cobrada, descontando-se os efeitos da inflação.

Calcula-se do seguinte modo:

$$\textbf{Taxa de juros real} = \frac{(1 + \text{taxa de juros nominal}) - 1}{1 + \text{taxa de inflação}}$$

Muitas pessoas quando tomam recursos emprestado junto aos bancos comerciais percebem que pagam uma taxa de juros muito superior à que recebem quando realizam algum tipo de aplicação ou depositam na poupança.

É que o lucro da atividade bancária é resultado da diferença entre a taxa de captação e de empréstimo. Porém, além dos custos inerentes a atividade bancária (remuneração de trabalhadores, tributos, etc.) existe ainda a possibilidade de as pessoas não pagarem o empréstimo, ou seja, risco de inadimplência. Devido a esse fato é que na economia brasileira as taxas de juros variam dependendo da instituição, perfil do cliente e tipo de utilização do recurso.

A taxa de juros de referência da economia e que regula as operações com títulos da dívida pública é a SELIC – Sistema Especial de Liquidação e Custódia determinada pelo Comitê de Política Monetária COPOM. Além disso, é por meio da elevação dessa taxa que o governo busca atrair a entrada de recursos externos no país.

O papel do Banco Central

Até o início dos anos 60 a função de Banco Central era exercida pela SUMOC – Superintendência de Moeda e Crédito subordinada ao Banco do Brasil. Em 1964 com a Lei nº 4.595 ocorre a criação do Banco Central do Brasil.

O Banco Central possui um conjunto de atribuições na economia, tendo a responsabilidade de atender a demanda por meios de pagamentos. Essa instituição passou por transformações significativas e hoje exerce papel de extrema importância na economia brasileira.

São responsabilidades do Banco Central:

- Monopólio da emissão da moeda nacional;
- Fiscalização do sistema financeiro;
- Execução de política monetária;
- Execução de política cambial;
- Guardião das reservas monetárias.

A partir de 1996 foi criado o COPOM – Comitê de Política Monetária, e desde então o Banco Central passou a estabelecer como meta de política monetária o controle da inflação por meio do Sistema de Metas para inflação. Desse modo, esse comitê se reúne periodicamente com objetivo de analisar a situação da economia brasileira e os riscos presentes relativos ao aumento dos índices de inflação. Sempre que essa possibilidade se apresenta, o comitê, em decisão coletiva pode adotar o estabelecimento de elevação nas taxas de juros da economia (SELIC), com objetivo de conter a demanda. Quando o risco de inflação não se apresenta ou a economia passa a enfrentar situações de taxa de crescimento muito reduzida, o conselho pode adotar decisões no sentido inverso.

Dentro dessa nova política, após a ocorrência das reuniões, os documentos relativos aos motivos que nortearam as decisões do governo, com relação a elevação ou redução das taxas de juros, são disponibilizadas em ata e fica acessível no site da instituição.

Dadas as transformações recentes ocorridas na economia, com as inovações tecnológicas e o aumento das transações por meio eletrônico, a atuação do Banco central assume extrema importância, principalmente na regulação e controle das instituições financeiras. Desse modo, além das atribuições clássicas, associadas ao controle dos meios de pagamento, cabe a instituição a fiscalização e regulamentação de administradoras de consórcio, de arrendamento mercantil (leasing) e instituições voltadas ao crédito imobiliário.

O Conselho Monetário Nacional é o órgão máximo, responsável pelo controle do sistema financeiro nacional, do qual o Banco Central é integrante. Esse conselho é integrado pelos ministros da Fazenda, do Planejamento e pelo presidente do Banco Central. É parte integrante do Conselho Monetário Nacional, a CVM – Comissão de Valores Mobiliários, responsável pela regulação e fiscalização do mercado de capitais.

Inflação

A inflação é um fenômeno bastante presente na sociedade brasileira. Apesar do recente período de estabilidade econômica o país já enfrentou inúmeras crises inflacionárias. É caracterizada pelo aumento geral dos preços na economia provocando uma perda no valor da moeda na qual esse fenômeno é medido.

Muitas pessoas no Brasil já se habituaram a dizer que o índice de inflação não é medido corretamente, pois, ao longo do mês tiveram a sensação de gastarem um valor superior ao índice declarado pelos órgãos oficiais.

Ocorre que o cálculo de inflação é realizado por meio de uma média e, sendo assim, para algumas pessoas pode apresentar distorções. Por exemplo, na afirmação de que os brasileiros permanecem em média quatro anos na escola, significa dizer que alguns ficam apenas um ano, outros não chegam a frequentar e outros completam 11 anos. Portanto a média neste caso serve para que se possa ter uma informação agregada acerca desse tema. A mesma lógica vale para o cálculo da inflação.

Vários órgãos e instituições de pesquisas elaboram seus índices de inflação. Para a realização do cálculo, inicialmente essas instituições preparam as chamadas Pesquisas de Orçamento Familiar. Essas possibilitam verificar o hábito de consumo da população. De posse destas informações os institutos têm como saber qual o peso de cada item nos gastos do consumidor:

Exemplo:

Tabela 17 O peso de cada produto no gasto do consumidor

Cesta de consumo	Participação no rendimento Mensal (%)
Alimentos	40
Transportes	15
Saúde	20
Educação	15
Lazer	10

No exemplo acima a população gasta 40% de seus rendimentos com alimentação, a partir dessa informação os estatísticos que realizarão o cálculo da inflação atribuirão esse peso ao grupo alimentação. Por exemplo, se em nenhum dos demais grupos ocorrer variação de preços e o grupo alimentação tiver um aumento de preço de 100%, poderíamos dizer que o índice de inflação foi 40%. Ou seja, uma vez definido o peso de cada grupo ou produto, ocorre o cálculo da inflação, por meio da média ponderada da variação dos preços praticados na economia:

Média Ponderada = (Variação 1 x Peso 1) + (Variação 2 x Peso 2)+ (Variação 3 x Peso 3)

A título de exemplo, na planilha a seguir constam os grupos de consumo: alimentos, transportes, saúde e lazer; a variação dos preços ao longo do ano e o peso de cada grupo no consumo total das famílias.

Tabela 18 Grupo de consumo, variação nos preços e peso no consumo

Grupos de consumo	Variação anual dos Preços (%)	Peso (a soma dos pesos corresponde a 1)
Alimentos	30	40 ou 0,4
Transportes	5	15 ou 0,15
Saúde	8	20 ou 0,2
Educação	10	15 ou 0,15
Lazer	5	10 ou 0,1

Considerando as informações disponibilizadas o índice de inflação seria equivalente a:

Índice: (30 x 0,4) + (5 x 0,15)+(8 X 0,2)+(10 X 0,2)+ (5 X 0,1)

Índice de Inflação = 12 + 0,75 + 1,6 + 2 + 0,5 = **16,85%**

Assim, neste exemplo, apesar dos preços dos alimentos apresentarem uma alta de 30%, a inflação no período ficou em 16,85%.

O cálculo da inflação torna-se mais complexo, pois no grupo alimentação, por exemplo, há um número muito grande de produtos e cada um como o seu peso na cesta de consumo. Devemos destacar que gêneros industrializados não sofrem grandes variações de preços como produtos *in natura* que seguem ciclos de safra e entressafra.

O Brasil já enfrentou momentos de elevados níveis de inflação e vários planos econômicos foram lançados com o intuito de combatê--la. No último mês do Governo Sarney (1985-1988) a inflação brasileira chegou a atingir 84% ao mês. Com um índice de inflação nesse patamar, as empresas praticamente não conseguem realizar planejamento e as pessoas perdem a noção dos preços relativos dos produtos. É extensa a lista dos efeitos de processo inflacionário.

Os índices de preços no Brasil

A inflação oficial do Brasil é apurada pelo Instituto Brasileiro de Geografia e Estatística, por meio do Sistema Nacional de Índices de Preços ao Consumidor (SNIPC). Os principais integrantes do sistema são o Índice Nacional de Preços ao Consumidor Amplo (IPCA) e o Índice Nacional de Preços ao Consumidor (INPC). Ambos possuem abrangência nacional e são elaborados a partir da obtenção dos índices de preços regionais.

Os preços são coletados nas regiões metropolitanas de Belém, Fortaleza, Recife, Salvador, Brasília, Belo Horizonte, Rio de Janeiro, São Paulo, Curitiba, Porto Alegre e Vitória. Além dessas regiões integram o sistema o Distrito Federal, os municípios de Goiânia e Campo Grande.

O IPCA é o índice oficial do Brasil e utilizado para a atualização dos principais agregados macroeconômicos e contas públicas. Sua diferença principal em relação ao INPC diz respeito à *população objetivo*. Ou seja, uma vez que os índices correspondem à média ponderada dos preços praticados na economia, faz-se necessário observar o padrão de consumo dessas famílias.

No caso do IPCA, a população objetivo corresponde a famílias com rendimentos entre 1 a 40 salários mínimos. Para o INPC a população objetivo é composta por famílias com rendimento familiar monetário entre 1 a 5 salários mínimos. É por esse motivo que o INPC é popularmente conhecido como índice da população de baixa renda. O mercado utiliza esse indicador como referência para negociação de reajustes salariais.

Para determinação da cesta de consumo da população objetivo, todos os institutos que elaboram índices de preços (FGV; DIEESE; IBGE) lançam mão de Pesquisas de Orçamento Familiares (POF). Com a POF é possível acompanhar o padrão de consumo das famílias e, desse modo, construir sua Cesta Padrão.

A POF do IBGE é uma pesquisa amostral, realizada em todas as Unidades da Federação e Regiões Metropolitanas. Durante o período de coleta, são observados os hábitos de consumo das famílias e como são realizados os gastos. Desse modo se verifica quais os bens e serviços adquiridos pela família ao longo do mês e quanto cada item representa em termos de percentual dos gastos totais.

Com isso, é possível identificar o peso de cada produto na cesta de consumo da família, dentro de seu grupo e o peso de cada grupo no total dos gastos da família. O Gráfico 10 destaca o peso de cada grupo no IPCA.

Gráfico 10
Peso de cada grupo no IPCA

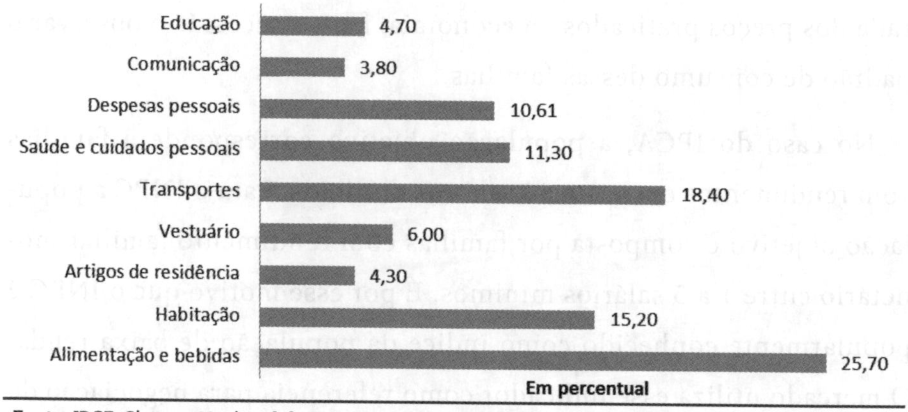

Fonte: IBGE: Sistema Nacional de Preços ao Consumidor

Para a obtenção do índice de preços em âmbito nacional também se observa a participação de cada mercado. Desse modo são atribuídos pesos para cada um dos índices regionais. Cada índice regional tem peso diferenciado em relação a grupos, por exemplo, o grupo alimentação no INPC tem um peso de 40% em São Paulo e de 30% no Rio de Janeiro. O Gráfico 11 ilustra o peso de cada região no IPCA e no INPC.

A título de exemplo, São Paulo tem um peso de 30,4% no total do IPCA. Na década de 1970, durante a ditadura militar, o Governo Federal, por meio dos órgãos responsáveis pelo abastecimento, chegou a promover o deslocamento de produtos alimentícios para mercados como São Paulo e Rio de Janeiro com intuito de que não ocorresse desabastecimento e com isso provocasse impacto negativo sobre a inflação.

Gráfico 11

Pesos regionais dos índices de preços

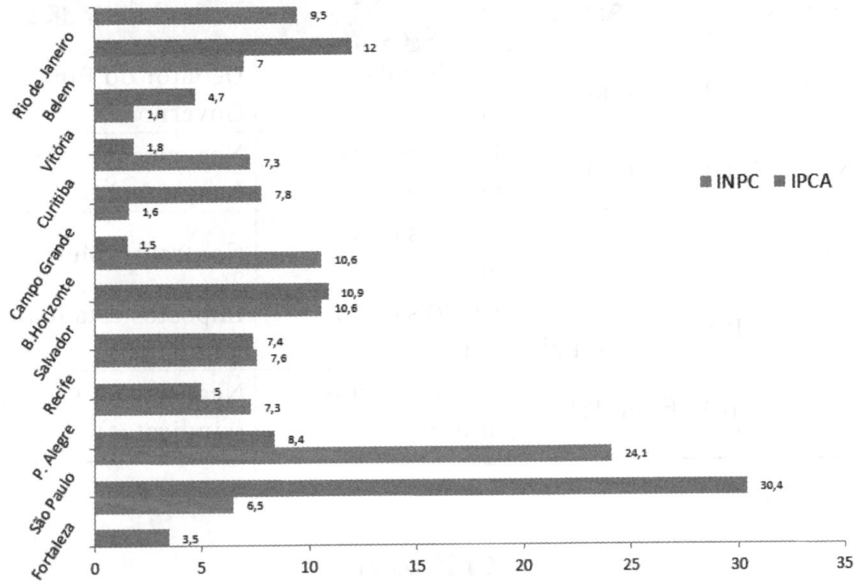

IBGE: Sistema Nacional de Índices de Preços ao Consumidor.

Outros índices de preços

A Fundação Getúlio Vargas produz o Índice Geral de Preços (IGP), que até o início dos anos 1980 era utilizado como índice de inflação oficial do Brasil.

O IGP integra em seu cálculo, além do varejo, o comportamento dos preços no atacado. Além disso, o índice sofre influências de variações nas taxas de câmbio. Também de abrangência nacional, esse índice é utilizado pelo mercado financeiro para reajustes de contratos.

A Fundação Instituto de Pesquisas Econômicas (FIPE) e o Departamento Intersindical de Estatística e Estudos Socioeconômicos (Dieese) também elaboram seus índices de preços. Apesar da relevância desses índices, a abrangência geográfica está circunscrita à São Paulo.

Quadro 6 Principais Índices de Preços utilizados no Brasil

Índice	Órgão	Âmbito	População objetivo	Uso do índice
IPCA	IBGE	R.M	1 A 40 salários mínimos	Deflator do PIB; Governo
INPC	IBGE	R.M	1 a 5 salários mínimos	Negociações salariais (empresas)
IGP	FGV	R.M	1 a 33 salários mínimos	Contratos; Mercado
IPC	FIPE	S.P (capital)	1 a 20 salários mínimos	Impostos estaduais e municipais
ICV	DIEESE	RMSP	1 a 30 salários mínimos	Negociações salariais (sindicatos)

Fonte: Ipeadata

Gráfico 10

Inflação Mensal - Meses de Abril. 2010/2016. Principais Índices

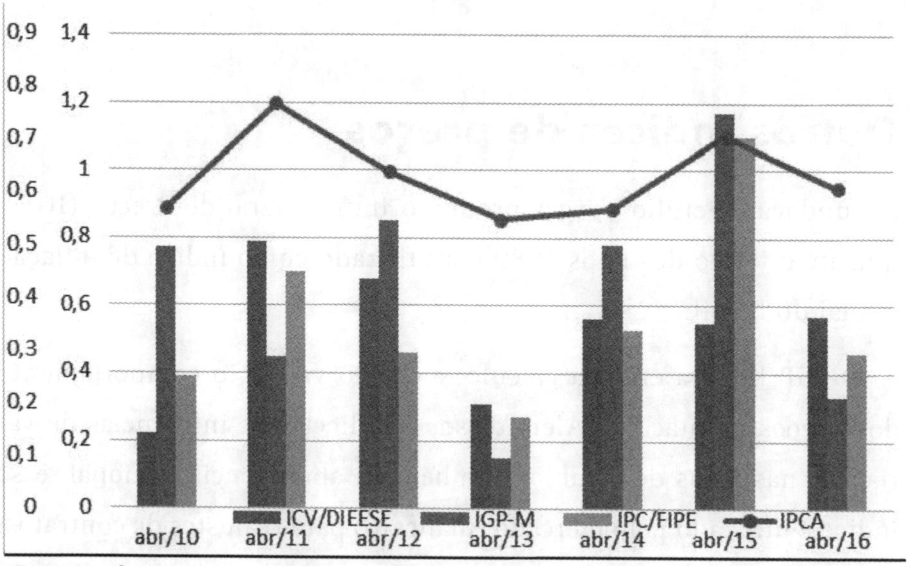

Fonte: Ipeadata

De modo geral, quando ocorre um processo inflacionário no país, todos os índices tendem a convergir. Diferenças localizam-se mais na intensidade em que esse movimento ocorre. Esse fato deve-se fundamentalmente às diferenças em relação à estrutura de pesos, âmbito regional e população objetivo. Ou seja, rigorosamente seria possível afirmar que medem fenômenos distintos.

Efeitos da inflação

Em uma situação de crescimento acelerado nos níveis de inflação, os assalariados acabam sendo mais penalizados, pois não tem como proteger seus rendimentos. Apenas uma minoria de trabalhadores, com salários mais elevados, teriam a possibilidade de proteger parte de seus rendimentos através de aplicações no mercado financeiro ou aquisição de ativos (dólar, ouro, etc.).

Assim, a inflação tende a aumentar os níveis de concentração de renda, na medida em que o trabalhador acaba tendo uma redução em salário real.

Importante!

Salário nominal: corresponde ao salário medido a preços correntes, por exemplo, o trabalhador recebe R$100,00 em janeiro e se não receber nenhum reajuste até dezembro seu salário nominal continuará em R$ 100,00.

Salário Real: corresponde ao salário medido em termos de poder de compra, ou seja, é o salário nominal descontando-se os efeitos da inflação, por exemplo, o trabalhador recebe os mesmos R$ 100,00 de janeiro a dezembro. No entanto neste período verifica-se uma inflação de 20%. Desse modo o seu salário Real será de R$ 80,00, 20% menor do que seu salário nominal. Se o trabalhador comprava uma cesta básica em janeiro em dezembro só poderá comprar 80% dos produtos.

Efeitos sobre as contas públicas

Em um processo de inflação elevado pode ocorrer uma corrosão nas contas públicas devido à diferença entre o período em que foram estabelecidos o imposto e o momento da arrecadação. Essa defasagem entre o fato gerador (momento de criação do tributo) e arrecadação é chamado de Efeito Tanzi, nome do economista que percebeu este fenômeno.

No Brasil, esse fenômeno foi minimizado com a introdução da correção monetária em 1966, que tendia a corrigir os valores dos tributos.

Efeitos sobre a atividade empresarial

A inflação também causa impactos negativos sobre a atividade empresarial. As empresas, diante de um cenário inflacionário ficam impossibilitadas de realizar planejamento econômico e inibidas com relação a novos investimentos. Dessa maneira preferem aplicar seus recursos em mercados especulativos a investir na produção. Ocorre uma fuga da moeda local e as pessoas passam a procurar dólar, ouro e outros ativos.

Causas da inflação

Existem várias correntes teóricas que tentam explicar o fenômeno da inflação, apontando causas diversas:

- Quantidade excessiva de moeda circulando na economia. Essa causa normalmente é indicada pelos economistas chamados monetaristas. Também afirmam que os desequilíbrios no orçamento do Estado, ou seja, os gastos superiores à arrecadação fazem com que o governo seja obrigado a ampliar os meios de pagamento na economia, sem o aumento no nível da produção.

- Aumento dos salários em níveis superiores ao da produtividade da economia. No Brasil, principalmente durante a fase final do regime militar (1979-1984) o governo manteve os reajustes salariais em níveis inferiores aos índices de inflação, não obtendo êxito nessa política.
- Restrições externas, provocando aumento dos custos de matérias-primas importadas (por exemplo, o petróleo).
- Grande participação de oligopólios na economia. Devido ao controle do mercado essas empresas podem tomar a decisão de aumentar os preços apenas com objetivo de aumentar suas margens de lucros.

Causas do comportamento da inflação no período recente

Existem várias explicações para a o crescimento da inflação no Brasil, especialmente a partir de 2010. Houve um forte crescimento do PIB e a expansão da demanda interna. No cenário internacional, a expansão do consumo de matérias-primas provocou um choque de oferta. As principais matérias-primas agrícolas tiveram uma forte valorização. Como muitos produtores procuraram exportar essas mercadorias observou-se uma redução da oferta no mercado interno, contribuindo, desse modo, para a aceleração inflacionária, especialmente no grupo alimentos.

Sabe-se que sempre que há uma situação de expansão da demanda sem que haja uma contrapartida do crescimento da oferta, tende a ocorrer o processo inflacionário. Foi exatamente esse o quadro observado em 2010 e que teve prolongamento ao longo de 2011, apesar do arrefecimento da expansão econômica.

Uma questão sempre levantada diante da afirmação acima é: porque então não há um aumento da oferta na mesma magnitude da demanda?

Ocorre que, o aumento da oferta está relacionada a prazos. Ou seja, a decisão de ampliar a oferta implica em aquisição de máquinas e novos investimentos que se realizam em médio ou em longo prazo. Para tal decisão, os agentes econômicos precisam reduzir o campo de incerteza. Ou seja, esperam que não ocorram turbulências no cenário. Devido ao histórico brasileiro, tradicionalmente decisões relacionadas ao aumento da produção ficam sempre localizadas no curto prazo. Assim a resposta ao aumento da demanda acontece por meio de aumento da utilização da mão de obra e matéria-prima, até o limite da utilização da capacidade instalada.

Esse fato explica porque a taxa de investimento em relação ao PIB do Brasil é baixa em relação às principais economias do planeta.

Porém, para o estudo em questão, interessa também observar os determinantes de caráter microeconômico que consiste na estrutura de preços dos setores na economia.

O setor externo

Na economia mundial praticamente não existe nação que seja autossuficiente, ou seja, que produza todos os bens de que necessite. Mesmo os EUA, a nação mais rica do planeta não é capaz de atender sua população apenas com a produção interna. Em função desse fato é que as nações estabelecem trocas entre si.

Existem algumas teorias que explicam o mecanismo das trocas entre as nações. O economista clássico David Ricardo, no início do século XIX, com sua teoria das vantagens comparativas, argumentava que os países deveriam se especializar na produção daquelas mercadorias que pudessem obter maior vantagem comparativa no comércio internacional.

Nos dias atuais seria possível exemplificar essa situação a partir da relação entre dois países, como Argentina e Brasil. A Argentina é um grande produtor de trigo e seus custos de produção são inferiores aos do Brasil. No entanto a indústria brasileira é mais dinâmica e consegue produzir inúmeros itens a preços menores do que os da indústria Argentina. De acordo com essa teoria, seria vantajoso ao Brasil exportar máquinas e equipamentos para a Argentina e importar o trigo. No entanto, para que essa teoria pudesse operar, haveria a necessidade de que uma série de condições se fizesse presente, dentre elas a existência de livre comércio e de moeda única.

No mundo atual existem inúmeros motivos para que os países estabeleçam trocas comerciais:

- Existência de excedente de produção;
- Necessidade de novas tecnologias;
- Condições climáticas adversas para uma determinada cultura;
- Necessidade de acumular divisas;
- Abundância de determinadas riquezas minerais;
- Existência de recursos materiais e mão de obra em abundância.

Porém apesar da necessidade das trocas comerciais entre os países, existem inúmeros obstáculos que impedem o estabelecimento de uma situação de livre comércio.

Quando a Argentina importa máquinas e equipamentos do Brasil, por exemplo, ela deixa de gerar empregos em seu setor industrial e possibilita a geração de empregos no Brasil. Para compensar esse desequilíbrio seria necessário que ela exportasse ao Brasil produtos que gerassem a mesma quantidade de empregos perdidos com a importação. Como esse fato nem sempre ocorre, os países passam a adotar medidas protecionistas no comércio internacional.

Assim os países estabelecem tarifas de importação de modo a fazer com que o produto estrangeiro chegue mais caro ao seu mercado.

Além das barreiras tarifárias, os países adotam as chamadas barreiras não tarifárias com intuito de impedir a entrada de determinados produtos em seus mercados. Essa situação ocorre principalmente com relação aos países da Europa e aos Estados Unidos. Seus produtos agrícolas são mais caros do que os de países em desenvolvimento. No entanto, como os governos das nações desenvolvidas têm interesse de preservar o emprego dos trabalhadores agrícolas, estabelecem a exigência de uma série de certificados e procedimentos específicos de modo a inviabilizar a concorrência dos países mais pobres.

Outro instrumento utilizado por essas nações são as políticas de governo visando estimular as exportações por meio de subsídios e vantagens ao setor exportador e políticas de contenção de importações. Isso normalmente ocorre quando o governo tem a necessidade de gerar saldos na balança comercial, assunto que será tratado no próximo bloco.

Balanço de pagamentos

O balanço de pagamentos é o registro de todas as transações realizadas entre um país e o resto do mundo. Essas transações dizem respeito a produtos, bens, serviços e capitais. A estrutura do balanço de pagamentos é a seguinte:

A - Transações Correntes = (1 + 2 + 3)

1. Balança comercial (FOB)
2. Balança de serviços e rendas
3. Transferências unilaterais correntes

B - Conta de capital e financeira = (4 + 5)

4. Conta de capital
5. Conta financeira

C - Erros e omissões

Resultado do Balanço = A+B+C

Balança comercial

A balança comercial representa o saldo do volume do comércio realizado com os demais países, ou seja, a diferença entre mercadorias exportadas e importadas:

Balança comercial = exportações - importações.

Quando o seu saldo é positivo significa que o país obteve um *superávit* na balança comercial. Quando é negativo dizemos que ocorreu um *déficit*. Em uma situação de déficit o país passa a ter necessidade de divisas (dólar) para fazer frente ao pagamento dessas mercadorias.

Essa necessidade de divisas se dá em razão da moeda do Brasil (Real) ser aceita somente no Brasil. Desse modo, para que o país possa pagar as mercadorias que são importadas é necessário que obtenha dólares. O mesmo movimento ocorre com as exportações. Quando o Brasil vende mercadorias para a Argentina recebe dólares e não a moeda local.

Balança de serviços e rendas

A balança de serviços e rendas representa o volume de transações relacionadas a pagamentos de bens intangíveis. Até 2001 era designada simplesmente por balança de serviços, a partir desta data passou a integrar o item rendas.

A subconta serviços é integrada por:

- Remuneração de serviços públicos e privados;
- Fretes, serviços de fretamentos e seguros de transportes;
- Gastos realizados por turistas;
- Serviços financeiros, bancários, de corretagem, comissões e tarifas de fianças;
- Serviços de informática;
- Utilização de marcas, patentes e licenças;
- Serviços governamentais (manutenção de representação no exterior e outros organismos).

A subconta rendas é composta por:

- Remuneração de trabalhadores;
- Renda de investimento direto, decorrente de lucros oriundos da participação no capital de empresas;

- Renda de investimento em carteira, referente a lucros e juros auferidos por empresas que tenham efetuado a emissão de papéis (bônus, notas e *commercial papers*).

Ressalte-se que operações nas quais estão envolvidos juros e ganhos de capital decorrentes de papéis colocados no mercado entre empresas são contabilizados na conta de investimento direto, no balanço financeiro.

Transferências unilaterais

As transferências unilaterais correspondem a transações que envolvem residentes e não residentes no país e que não exigem nenhuma contrapartida (unilateral). Referem-se basicamente a remessas com intuito de possibilitar a manutenção de residentes no exterior e doações normalmente destinadas a Organizações não Governamentais. Também integram esse grupo remessas decorrentes de contribuições associativas, aposentadorias e pensões.

Balança de Capital e Financeira

A Balança de capital e financeira corresponde ao movimento de entrada de capitais no país na forma de empréstimos e investimentos diretos (aumento da produção ou compra de empresas brasileiras por parte do capital estrangeiro) e ao movimento de saída de capitais na forma de amortizações (pagamento de dívida). A partir de 2001 ocorreu uma subdivisão entre a conta de capital e a conta financeira:

- *Capital* – integram essa conta as operações envolvendo a transferência de patrimônio de migrantes que anteriormente estavam alocadas na conta de transferências *unilaterais*.

- *Financeira* – nessa conta estão incluídas todas as operações relacionadas a transações financeiras envolvendo residentes e não residentes. Dada a existência da grande quantidade de instrumentos financeiros essa conta está subdivida em outras quatro:
  - **Investimento direto líquido (no país e no exterior):** Correspondem a participação das empresas ou empréstimos entre companhias.
  - **Investimento em carteira:** Referem-se à emissão de papéis e títulos e abertura de capital ou aquisição de títulos (renda fixa) ou de ações (renda variável) de companhias brasileiras.
  - **Derivativos financeiros:** Referem-se a afluxos decorrentes de obrigações relacionadas a operações de mercado de opções e futuros.
  - **Outros investimentos:** Nessa subconta são registrados empréstimos e financiamentos e as demais contas que não sejam decorrentes de créditos comerciais.

Erros e Omissões

Devido ao fato do balanço de pagamentos ser uma demonstração contábil com mecanismo de débito e crédito, esse item é utilizado apenas como forma de permitir os ajustes nessa demonstração. Esse fato decorre também de distorções entre as fontes de dados utilizados que pode inclusive indicar situações de subestimação ou superestimação dos valores fornecidos.

O equilíbrio no Balanço de pagamentos

O objetivo de todas as nações é a busca do equilíbrio no balanço de pagamentos, ou seja, os recursos disponíveis devem ser suficientes para fazer frente ao pagamento dos capitais que deixam o país.

Em nações como o Brasil, esse problema está sempre presente. Só para dimensionar o problema, ao longo de toda a década de 1990 o país enfrentou dificuldades em fechar o balanço de pagamentos e essa situação só se reverteu a partir de 2002 com o crescente superávit na balança comercial. Desse modo, é constante o esforço do país no sentido de tentar equilibrar suas contas externas.

Quando há déficit no balanço de pagamentos, o governo pode adotar algumas medidas para minimizar essa situação.

Na balança comercial

É possível intensificar esforços em exportar com a utilização de incentivos ao setor exportador e paralelamente reduzir as importações com taxas e impostos sobre esses produtos. Além disso, o governo pode pressionar as empresas para que promovam processos de nacionalização de componentes na produção, ou seja, substituição de peças importadas por outras produzidas no Brasil. Por fim ainda pode promover desvalorizações cambiais. A moeda brasileira desvalorizada faz com que nossas mercadorias fiquem mais baratas no exterior e as mercadorias importadas cheguem ao país com preços mais elevados. Porém, como destacado no próximo tópico, desvalorizações cambiais podem provocar impactos negativos sobre a economia.

Na conta de serviços e rendas

Nesse caso, o governo pode realizar maior controle com relação à remessa de lucros ao exterior. Além disso, pode tentar reduzir os gastos dos turistas brasileiros no exterior.

Em 1997, por exemplo, devido a crises externas, o governo brasileiro resolveu cobrar IOF (Imposto sobre Operações Financeiras) de turistas que realizavam compras no exterior com cartões de crédito. Esta medida visava tornar as compras no exterior menos interessantes de modo a reduzir a saída de divisas do país.

Na conta de capital e financeira

Nessa conta as medidas poderiam ocorrer com a obtenção de empréstimos ou de estímulos à entrada de investimentos. Nesse item o governo às vezes promove elevações nas taxas juros de modo a estimular o ingresso do capital estrangeiro. Medidas que garantam a estabilidade econômica também podem fazer com que empresários estrangeiros se sintam estimulados a realizar investimentos no país. O processo de privatizações, por exemplo, permitiram o ingresso do capital estrangeiro em setores de infraestrutura como telefonia. A redução da inflação foi outro fator importante a garantir a entrada de capitais no país. O crescimento da economia, especialmente entre 2004 e 2014, também contribuiu para esse quadro.

No entanto, com relação às taxas de juros, existe um limite para sua elevação. Se as taxas ficarem muito elevadas elas podem atrair investimentos, mas por outro lado aumentam a dívida brasileira ocasionando saída de divisas (pagamento de juros da dívida) e aumentando o déficit na balança de serviços. Quando as taxas de juros de determinado país ficam em um patamar muito elevado passa a existir uma desconfiança do mercado com relação à capacidade de pagamento desta nação.

Na realidade acaba ocorrendo um círculo vicioso na medida em que uma nação que apresente maior desconfiança por parte do mercado é obrigada a oferecer taxas maiores para que haja ingresso de capitais. É por isso que existem grandes diferenças entre as taxas de juros dos mais diversos países.

Câmbio

Em economia o câmbio corresponde à relação de troca existente entre a moeda do país e as principais moedas em circulação na economia mundial. No Brasil, em razão da importância do dólar, quando há referência a taxa de câmbio automaticamente as pessoas associam ao preço do dólar. Essa afirmação pode ser correta desde que fique claro que essa taxa de câmbio diz respeito ao dólar.

No mercado cambial são realizadas transações com divisas (moedas estrangeiras) como objetivo de suprir a demanda por moeda existente na economia. Há demanda em moeda estrangeira por várias razões:

- Empresas estrangeiras no Brasil têm necessidade de remeter para a matriz os lucros, em dólares, de sua operação;
- Turistas que desejam viajar ao exterior necessitam de dólares para que possam realizar os mais diversos pagamentos;
- Ameaça de instabilidade econômica.

Por outro lado, a oferta de moedas estrangeira ocorre devido a:

- Exportação de mercadorias e serviços;

- Ingresso de turistas no país;
- Investimentos diretos;
- Empréstimos.

Assim, sabendo de que modo ocorre a oferta e a procura por divisas é possível perceber que a desvalorização da moeda nacional frente ao dólar acontece em função da escassez de divisas e, por outro lado quando há muitos dólares circulando na economia ocorre uma valorização da moeda nacional.

- **Câmbio desvalorizado**: ocorre quando a moeda local se encontra em um valor inferior ao dólar ou a moeda de referência.
- **Câmbio valorizado**: ocorre quando a moeda local se encontra em valor superior ao dólar ou a moeda de referência. Porém é importante destacar que não é somente devido à lei da oferta e da procura que ocorrem valorizações ou desvalorizações no câmbio. Esse processo depende do regime cambial adotado no país.

Regimes cambiais

Regime Cambial Fixo

Nesse regime o governo não permite que ocorram flutuações no valor da moeda local. Um exemplo é o caso argentino que nos anos 1990 estabeleceu esse regime e fixou o câmbio de modo que sua moeda, o peso, tivesse uma relação de igualdade com o dólar: 1 peso = 1 dólar.

Regime de Taxas Flexíveis

Nesse sistema não há interferência do governo no estabelecimento do valor do câmbio. O mercado determina a taxa de cambio em função da oferta de divisas.

No Brasil o regime cambial é flexível, no entanto, o Banco Central, por exercer o controle do fluxo de divisas, acaba interferindo no mercado quando há valorizações ou desvalorizações excessivas. Assim, quando o dólar atinge um patamar muito elevado, o Banco Central entra no mercado vendendo dólares ou títulos cambiais. Por outro lado, quando o dólar está em um patamar muito baixo, o Banco Central compra dólares com intuito de forçar a sua valorização. A esse mecanismo os economistas dão o nome de flutuação suja.

Quando o câmbio está excessivamente valorizado o país perde competitividade no exterior, ou seja, seus produtos ficam mais caros no comércio internacional, fato que leva a ocorrência de *déficit* na balança comercial. Dessa forma, quando um governo deseja intensificar as exportações pode promover desvalorizações cambiais. Porém, desvalorizações excessivas podem causas outros problemas:

- Matérias-primas importadas (inclusive petróleo) ficam mais caras, aumentando os custos de produção de inúmeros setores, fato que pode gerar inflação;
- Aumento no valor da dívida externa brasileira medida em dólares;
- Redução do valor do PIB medido em dólares;
- Redução no salário real dos brasileiros;

Desse modo, os governos tendem a buscar o equilíbrio para que não ocorram valorizações ou desvalorizações excessivas.

Quadro 7 Efeitos do Câmbio (quem perde e quem ganha)

Câmbio Valorizado	Câmbio desvalorizado
Perdem:	**Perdem:**
Exportadores: produtos ficam mais caros no mercado internacional	Importadores: preços dos produtos importados ficam muito elevados.
Turismo interno: fica mais barato viajar para o exterior.	Governo: impacto negativo sobre as finanças públicas com o aumento da dívida devido à desvalorização da moeda.
Governo: impacto negativo na balança comercial com aumento das importações.	Consumidores: a inflação pode aumentar devido à desvalorização da moeda.
Trabalhadores: empresas das cadeias exportadoras demitem e provocam aumento do desemprego.	Produtores: aumento nos custos das empresas que dependem de insumos importados, contribuindo para o aumento da inflação.
Ganham:	**Ganham:**
Importadores: produto importado fica mais barato com possibilidade de lucros extraordinários.	Exportadores: desvalorização funciona como uma proteção. O produto fica mais barato no mercado externo.
Consumidores: competição com importados pode provocar queda nas taxas de inflação.	Trabalhadores: possibilita o aumento dos níveis de emprego nas cadeias exportadores.
Governo: ocorre redução da dívida externa devido à valorização da moeda local e também redução da vulnerabilidade externa.	Governo: favorece a geração de superávit na balança comercial e de serviços, contribuindo para o equilíbrio no balanço de pagamentos.

Fonte: Ipeadata

As diferentes taxas de câmbio

Taxa de câmbio: refere-se à relação entre a moeda estrangeira e a moeda local. Por exemplo, corresponde ao preço do dólar ou quantos reais são necessários para trocar por 1 dólar. Porém, mesmo que estejamos habituados a relacionar ao preço do dólar, o câmbio é estabelecido em várias moedas, dependendo da forma como será utilizada. Por exemplo, o turista que viajará para a Europa pode precisar de euros e não de dólar. Os principais jornais do país divulgam diariamente em seus cadernos de economia a taxa de câmbio das principais divisas em relação ao real.

Muitas vezes o conceito paridade é utilizado para designar a relação entre as demais moedas em relação ao dólar.

Tabela 19 Paridade e taxa de câmbio em relação ao dólar e ao real

Moeda	Paridade em relação ao U$		Câmbio em relação ao real	
	Compra	**Venda**	**Compra**	**Venda**
Dólar	1,00	1,00	3,425	3,42
Bath (Tailândia)	35,18	35,20	0,09	0,09
Euro (Comunidade Européia)	1,12	1,12	3,86	3,86
Rúpia (Índia)	66,86	66,88	0,05	0,051
Rublo (Rússia)	64,81	64,94	0,05	0,05
Libra (Inglaterra)	1,43	1,43	4,91	4,91
Peso (Argentina)	13,83	13,85	0,24	0,24

Fonte: Banco Central do Brasil

Como é possível ver na tabela acima existem diferenças pequenas entre as cotações para compra e venda da moeda estrangeira. Esse fato deve-se ao próprio comportamento do mercado. Ou seja, os bancos realizam operações de compra de dólar em grandes valores e as vendas em valores inferiores de tal modo que essa diferença representa o spread ou ganho desse tipo de operação.

Câmbio turismo

Câmbio turismo refere-se ao mercado destinado a pessoas que procuram esse tipo de operação com objetivo de dispor de divisas para viagem. Esse tipo de operação envolve a manipulação de moedas, diferente das operações realizadas entre os grandes bancos onde ocorrem por meio eletrônico. Esse fato explica porque muitas vezes sua cotação encontra-se em nível superior a taxa de câmbio comercial.

A Globalização da Economia

Entende-se por globalização um movimento que se caracteriza pela intensificação das trocas de mercadorias, bens e serviços, integração dos mercados financeiros e pela internacionalização dos processos produtivos.

O processo de internacionalização das economias, apesar de ser uma característica do capitalismo se intensificou principalmente a partir dos anos 1990, em decorrência do grande processo de inovações tecnológicas.

A partir desse período ocorreu uma série de mudanças, com intenso movimento de incorporação de novas tecnologias aos processos produtivos, redundando na fragmentação de etapas da produção de bens e serviços em diferentes países. Assim, uma determinada empresa pode produzir os componentes em vários países diferentes e montar um automóvel em outra nação.

Nessa transição temos um processo de desenvolvimento tecnológico impulsionado pela inserção de tecnologias, baseadas na microeletrônica, informática e tecnologia da informação.

Apesar do forte crescimento acontecer na década de 1990, nos países desenvolvidos esse processo ocorreu já a partir dos anos 1980, com a redução no tamanho das plantas industriais, mecanização de tarefas, treinamentos constante da mão de obra e divisão de responsabilidade com os fornecedores.

Empresas transnacionais terceirizam sua produção além das fronteiras, concentrando em sua matriz atividades como pesquisas e desenvolvimento, design, marketing e publicidade.

Ocorre um crescente papel dos serviços no avanço tecnológico com a incorporação da informática e telecomunicações, fatores decisivos para o crescimento das trocas comerciais entre países. Outro aspecto importante nesse processo diz respeito à perda de autonomia dos Estados Nacionais ante a alta mobilidade do capital internacional. Assim, enquanto ocorre uma internacionalização da produção, com a rápida mobilidade do capital, os instrumentos de regulação e controle do capital ainda estão situados em âmbito nacional.

Assim, as grandes corporações internacionais estabelecem uma série de condições para instalar uma unidade produtiva em um determinado país. Se esse país apresentar condições que não sejam favoráveis, a empresa rapidamente promove a transferência dessa unidade para outro país.

Desse modo, esses países se vêm obrigados a promover redução da carga tributária e estabelecer uma série de benefícios para atrair esses investimentos. Como consequência, fica cada vez mais restrita a possibilidade de governos nacionais utilizarem os instrumentos clássicos de política econômica (cambial, monetária, fiscal, comercial) com vistas ao desenvolvimento de suas economias.

Com isso, uma crise em um determinado país pode provocar uma rápida fuga de investimentos para países que apresentem melhores condições com relação ao retorno desses investimentos. Esse processo sempre ocorreu, o que diferencia esse momento atual é a rapidez com que isso ocorre, principalmente em decorrência da revolução tecnológica.

No Brasil, a partir da metade da década de 1990, com a abertura da economia brasileira, o debate em torno desse tema se intensificou e surgiu uma quantidade significativa de trabalhos abordando esse fenômeno em vários aspectos.

Um dos aspectos que mais se destacam dentre os críticos desse processo refere-se ao fato de que a globalização tenha exercido um forte impacto sobre o mercado de trabalho, provocando elevados índices de desemprego. Por outro lado, aqueles que argumentam que o processo é irreversível afirmam que com a globalização e internacionalização da economia o país pode se beneficiar com a modernização do parque produtivo.

É cada vez maior a participação de capital estrangeiro nas empresas brasileiras nas mais diversas modalidades. Devido ao elevado grau de integração dos mercados, crises recentes relacionadas a fraudes em balanços de empresas nos Estados Unidos provocaram impactos na economia mundial. Ou seja, a convergência permite a transparência e reduz o risco da atividade empresarial. A crise de 2008.

Mercado de trabalho

O mercado de trabalho representa a oferta e a procura do fator mão de obra. Ou seja, por um lado empresas demandam o fator força de trabalho e por outro, um conjunto de trabalhadores dispostos a ofertar a um determinado preço esse fator econômico.

Porém, a determinação do preço dessa mercadoria é mais complexa do que ocorre no mercado de produtos e serviços. Esse fato ocorre em função das características de cada sistema econômico no que diz respeito à regulação desse mercado por meio da legislação trabalhista.

Como é medido o nível de emprego

O nível de emprego no Brasil é medido por várias instituições, cada uma delas dentro de seu respectivo setor de atividade econômica. O Ministério do Emprego e Trabalho disponibiliza informações relativas a contratações, demissões e evolução do estoque do emprego. Porém, apesar de sua extensão, esse cadastro apresenta limitações na medida em que considera apenas o comportamento do emprego formal. Esse fato faz com que se estabeleçam algumas dificuldades em relação a real situação do mercado de trabalho.

Como no Brasil é elevada a informalidade (trabalhadores sem carteira assinada e autônomos), são necessárias outras fontes para poder obter informações a respeito do comportamento do mercado de trabalho. Por exemplo, 25% dos trabalhadores inseridos na força de trabalho eram classificados como trabalhando por conta própria no ano de 2016.

As informações relativas ao mercado de trabalho brasileiro sempre foram obtidas pelo IBGE a partir de duas principais pesquisas: Pesquisa Mensal de Emprego (PME) e a Pesquisa Nacional por Amostra de Domicílios (Pnad).

A Pesquisa Mensal de Emprego

Essa pesquisa divulga, desde 1980, a taxa oficial de desocupação no Brasil, e sua última publicação aconteceu em fevereiro de 2016. Tratava-se de um levantamento realizado mensalmente em seis regiões metropolitanas do país (São Paulo, Belo Horizonte, Recife, Porto Alegre, Rio de Janeiro e Salvador). A limitação da pesquisa residia no fato de não se coletar informações para as demais regiões do país.

A Pesquisa Nacional por Amostra de Domicílios

Essa pesquisa é realizada desde 1967 e a partir de 2004 conseguiu incorporar todas as unidades da Federação. A contribuição desta pesquisa é que sua abrangência permite realizar comparações entre taxas de desocupação, levando-se em consideração o conjunto do país, e, além disso, observar comportamentos regionais. No entanto apresenta como limitação o fato de só disponibilizar as taxas anuais.

Assim, a partir da fusão dessas duas pesquisas, o IBGE passou a produzir novos indicadores sobre o mercado de trabalho brasileiro. Por meio de uma nova pesquisa: Pnad contínua, passou a disponibilizar as taxas de desocupação mensalmente para todas as unidades da federação, regiões metropolitanas e inclusive para capitais. Além disso, seguindo as recomendações da Organização Internacional do Trabalho, houve mudanças em relação a conceitos e terminologias relativas ao mercado de trabalho.

Quadro 8 Os novos conceitos utilizados na leitura do mercado de trabalho

Classificação antiga (até 2015)	Nova classificação (a partir de 2016
PME	Pnad contínua
População em idade ativa: Pessoas com 10 anos ou mais de idade	População em idade de trabalho: Pessoas com 14 anos ou mais de idade.
População economicamente ativa: pessoas na PIA ocupadas ou procurando trabalho (desocupadas)	Pessoas na Força de Trabalho: Pessoas em idade de trabalho ocupadas ou procurando trabalho (desocupadas)
Pessoas não economicamente ativas: Pessoas que não procuraram trabalho ou estavam afastadas do mercado	Pessoas fora da força de trabalho: Pessoas que não procuraram trabalho ou estavam afastadas do mercado

Fonte: IBGE

Os indicadores sobre o mercado de trabalho são calculados da seguinte forma:

$$\textbf{Taxa de desocupação} = \frac{\text{Pessoas Ocupadas}}{\text{Pessoas Ocupadas} + \text{Pessoas Desocupadas}}$$

Desocupação ou desemprego?

As taxas oficiais divulgadas no Brasil pelo IBGE levantam informações sobre ocupação e desocupação. Por que não é utilizado o conceito desemprego?

As recomendações dos organismos multilaterais, especialmente a organização internacional do trabalho, recomendam que os órgãos de estatísticas realizem levantamento sobre as pessoas que estão ocupadas, ou seja, trabalhando. O conceito ocupado, nesse sentido, é mais abrangente do que o emprego. Dessa maneira é que se estabelece essa oposição entre desocupados/ocupados.

Existem outras instituições que realizam levantamentos sobre o mercado de trabalho e que utilizam a terminologia emprego/desemprego. A Fundação Seade, órgão do governo do Estado de São Paulo em parceria com o Departamento Intersindical de Estatística e Estudos Socioeconômicos (Dieese) calculam para algumas regiões do país a taxa de desemprego.

Existem diferenças significativas entre o que se identifica como taxa de desocupação e taxas de desemprego:

Taxa de desocupação (IBGE)

Corresponde ao percentual de pessoas desocupadas em relação ao total de pessoas na força de trabalho.

- Os ocupados são classificados como pessoas que desenvolveram algum tipo de atividade na semana. Nessa categoria são incluídas pessoas que trabalham com carteira assinada, autônomos e pessoas nas mais diversas ocupações.
- Os desocupados são aquelas pessoas que não trabalharam no período de referência da pesquisa e que estão procurando trabalho.

Taxa de desemprego (Seade/Dieese)

A taxa de desemprego corresponde ao percentual de pessoas desocupadas em relação a população economicamente ativa. A diferença é que nesse levantamento a preocupação é exatamente a identificação das pessoas que estão procurando emprego.

- Empregadas: são classificadas como empregadas as pessoas que estão trabalhando e que não procuraram emprego.

O desemprego é subdividido em algumas categorias:

- Desemprego aberto: pessoas que procuram emprego e não possuem outra atividade.
- Desemprego oculto (por trabalho precário): pessoas que procuram emprego, porém desenvolvem alguma atividade de modo muito precário.
- Desemprego oculto (por desalento): pessoas que não procuraram emprego nos últimos 30 dias, mas que desejam trabalho.

Nesse caso a taxa de desemprego é definida como:

- Desemprego total: Desemprego Aberto + Desemprego Oculto.

Por fim, e independentemente da pesquisa ou indicador utilizado para acompanhar o comportamento do mercado de trabalho no Brasil, as taxas elevadas de desemprego ou desocupação representam um grande problema não só para o governo, mas para toda a sociedade.

Bibliografia

Banco Central do Brasil. Disponível em http://www.bcb.gov.br/.

CARMO, E. C & MARIANO, J. (Org). Economia Internacional. São Paulo: Saraiva, 2006.

CASTELLS, M. A sociedade em rede. São Paulo, Paz e Terra, 2000.

CASTRO, A.& LESSA, C. Introdução à economia: uma abordagem estruturalista, Forense 17ª ed. 1977.

IBGE. Contas Nacionais. Rio de Janeiro, 2015

_____. Censo Demográfico. Rio de Janeiro, 2010.

_____. Pesquisa Nacional por Amostra de Domicílios Contínua. Rio de janeiro, 2016.

IPEA. Ipeadata.

GAROFALO FILHO, E. Câmbios: Princípios básicos do mercado cambial, São Paulo, Saraiva, 2005.

MARIANO, Jefferson. Introdução à Economia Brasileira, São Paulo: Saraiva, 2005.

PASSARINHO, Paulo. Previdência social pública: um serviço universal ao cidadão brasileiro. In: SICSÚ, João (Org.). Arrecadação (de onde vem?) e gastos públicos (para onde vão). São Paulo:Boitempo, 2007.

SANDRONI, P. Novo dicionário de economia. São Paulo: *Best Seller*, 1994.

SICSU, J. (ORG). Arrecadação (de onde vem?) e gastos públicos (para onde vão?). São Paulo: Boitempo, 2007.

VASCONCELOS, M.A.S; PINHO, D.B.C,. Manual de economia: Equipe professores da USP. São Paulo: Saraiva, 2013.

ANEXO I

Estrutura da Tabela de Natureza Jurídica 2003 - Comissão Nacional de classificação – CONCLA – IBGE

1. Administração Pública

101-5 - Órgão Público do Poder Executivo Federal

102-3 - Órgão Público do Poder Executivo Estadual ou do Distrito Federal

103-1 - Órgão Público do Poder Executivo Municipal

104-0 - Órgão Público do Poder Legislativo Federal

105-8 - Órgão Público do Poder Legislativo Estadual ou do Distrito Federal

106-6 - Órgão Público do Poder Legislativo Municipal

107-4 - Órgão Público do Poder Judiciário Federal

108-2 - Órgão Público do Poder Judiciário Estadual

110-4 - Autarquia Federal

111-2 - Autarquia Estadual ou do Distrito Federal

112-0 - Autarquia Municipal

113-9 - Fundação Federal

114-7 - Fundação Estadual ou do Distrito Federal

115-5 - Fundação Municipal

116-3 - Órgão Público Autônomo Federal

117-1 - Órgão Público Autônomo Estadual ou do Distrito Federal

118-0 - Órgão Público Autônomo Municipal

2. Entidades Empresariais

201-1 - Empresa Pública

203-8 - Sociedade de Economia Mista

204-6 - Sociedade Anônima Aberta

205-4 - Sociedade Anônima Fechada

206-2 - Sociedade Empresária Limitada

207-6 - Sociedade Empresária em Nome Coletivo

208-9 - Sociedade Empresária em Comandita Simples

209-7 - Sociedade Empresária em Comandita por Ações

210-0 - Sociedade Mercantil de Capital e Indústria (extinta pelo Código Civil de 2002)

212-7 - Sociedade em Conta de Participação

213-5 - Empresário (Individual)

214-3 - Cooperativa

215-1 - Consórcio de Sociedades

216-0 - Grupo de Sociedades

217-8 - Estabelecimento, no Brasil, de Sociedade Estrangeira

219-4 - Estabelecimento, no Brasil, de Empresa Binacional Argentino-Brasileira

220-8 - Entidade Binacional Itaipu

221-6 - Empresa Domiciliada no Exterior

222-4 - Clube/Fundo de Investimento

223-2 - Sociedade Simples Pura

224-0 - Sociedade Simples Limitada

225-9 - Sociedade Simples em Nome Coletivo

226-7 - Sociedade Simples em Comandita Simples

3. Entidades sem Fins Lucrativos

303-4 - Serviço Notarial e Registral (Cartório)

304-2 - Organização Social

305-0 - Organização da Sociedade Civil de Interesse Público (Oscip)

306-9 - Outras Formas de Fundações Mantidas com Recursos Privados

307-7 - Serviço Social Autônomo

308-5 - Condomínio Edilício

309-3 - Unidade Executora (Programa Dinheiro Direto na Escola)

310-7 - Comissão de Conciliação Prévia

311-5 - Entidade de Mediação e Arbitragem

312-3 - Partido Político

313-1 - Entidade Sindical

320-4 - Estabelecimento, no Brasil, de Fundação ou Associação Estrangeiras

321-2 - Fundação ou Associação Domiciliada no Exterior

399-9 - Outras Formas de Associação

4. Pessoas Físicas

401-4 - Empresa Individual Imobiliária

402-2 - Segurado Especial

408-1 - Contribuinte individual

409-0 - Candidato a Cargo Político Eletivo

5. Organizações Internacionais e Outras Instituições Extraterritoriais

500-2 - Organização Internacional e Outras Instituições Extraterritoriais

Índice

A

B

C

D

E

F

G

I

J

K

L

M

N

O

P

Q

R

S

T

U

V

W